宋 歐陽修 宋祁 撰

新唐書

第一册

卷一至卷一〇(紀)

中華書局

圖書在版編目(CIP)數據

新唐書/(宋)歐陽修,(宋)宋祁撰. —北京:中華書局,1975.2(2024.7 重印)

ISBN 978-7-101-00320-8

Ⅰ.新… Ⅱ.①歐…②宋… Ⅲ.中國-古代史-唐代-紀傳體 Ⅳ.K242.042

中國版本圖書館 CIP 數據核字(2002)第 087491 號

責任印製:管 斌

新 唐 書

(全二十册)

〔宋〕歐陽修 宋 祁 撰

*

中 華 書 局 出 版 發 行

(北京市豐臺區太平橋西里 38 號 100073)

http://www.zhbc.com.cn

E-mail:zhbc@zhbc.com.cn

北京新華印刷有限公司印刷

*

850×1168 毫米 1/32 · 207⅞印張 · 3696 千字

1975 年 2 月第 1 版 2024 年 7 月第 19 次印刷

印數:58501-59500 册 定價:770.00 元

ISBN 978-7-101-00320-8

出版說明

一

在卷帙浩繁的廿四史中，有兩部官修的唐史，即五代時修的舊唐書和北宋時修的新唐書。

新唐書的編撰，約開始於北宋慶曆四年（公元一〇四四年），到嘉祐五年（公元一〇六〇年）完成，前後歷時約十七年，參加編撰的有歐陽修、宋祁、范鎮、呂夏卿等人。新唐書包括本紀十卷，志五十卷，表十五卷，列傳一百五十卷，共二百二十五卷。書成，由歐陽修、宋祁分別署名。

宋祁（公元九九六年——一〇六一年），曾任知制誥、翰林學士等職，並擔任過杭州、成德州等地的地方官。新唐書開始編寫後七年，當北宋王朝派人向宋祁催索文稿時，他說：「計今秋可了列傳，若紀、志猶須來春乃成。」〔一〕其實，到了公元一〇五八年，他才將一百五

〔一〕景文集卷四九與觀文右丞書

十卷列傳稿子交齊。至於紀、志、表三個部份，他根本無力完成。後來志和表分別由范鎮、呂夏卿負責編寫。但本紀無人撰寫，全書更無人總其成，所以宋仁宗又命歐陽修主修新唐書。

歐陽修（公元一〇〇七年——一〇七二年），號稱宋代的韓愈，政治地位比宋祁高，社會影響也比宋祁大。公元一〇四二年，在宋仁宗起用范仲淹推行「慶曆新政」時，歐陽修參加了「新政」活動，並調任爲諫官，對北宋王朝面臨的階級矛盾和民族矛盾非常關注。范仲淹罷相後，歐陽修也被貶，先後在滁州、揚州、潁州、應天府等地做了九年地方官。公元一〇五四年被調回中央，任翰林學士。新唐書實際上是在歐陽修的主持下最後完成的。歐陽修自己說：他中途參加，「接續殘零，刊撰紀、志六十卷」〔一〕。從文字風格上看，本紀十卷和贊，志、表的序，以及選舉志、儀衛志等，無疑出自歐陽修之手。特别是他所寫的贊、序，集中反映了他的歷史觀，有些內容幾乎是直接從他的政論文章那裏照搬過來的。書成後，他曾任樞密副使、參知政事等要職。

與舊唐書比較，由於時代不同，新唐書在編撰體例方面也有自己的特點。

首先是新唐書對志、表兩部份十分重視，這是因爲宋代大體上繼承了唐代的制度，歐

〔一〕歐陽文忠全集卷九一辭轉禮部侍郎劄子

陽修等在志、表方面特別用力，目的是總結唐代的典章制度以供宋王朝「參用」。

新唐書增加了以往史書所没有的儀衞志、選舉志、兵志。新唐書的選舉志、兵志雖然敍述制度不够系統，資料也不够完備，但究竟爲我們了解唐朝科舉制和兵制演變提供了一定的方便。食貨志增爲五卷，不僅比舊唐書食貨志份量多，而且也比較有系統、有條理地保存了大量社會經濟史資料。地理志着重敍述唐朝地理沿革，記載軍府設置、物產分布、水利興廢等狀況，補正了不少舊唐書地理志的缺略。天文志和曆志在篇幅上超過舊唐書三倍以上，記載了唐代流行的七種曆法，特別可貴的是保存了在曆法史上佔有重要地位的大衍曆的曆議（即曆法理論）。藝文志與舊唐書經籍志相較，書目增加很多，特別是開元以後的著作補充不少，如李白、柳宗元的著作，新唐書所收錄的就有一些是舊唐書中找不到的。新唐書還增加了宰相表、方鎭表、宗室世系表、宰相世系表，雖有錯漏，但也可以起備查作用。

新唐書作者批評舊唐書「使明君賢臣、雋功偉烈與夫昏虐賊亂、禍根罪首，皆不得暴其善惡」〔一〕，所以在新唐書中秉孔子修春秋之意，進行所謂「忠奸順逆」的褒貶，並在舊唐書的類傳的基礎上，增添了卓行、奸臣、叛臣、逆臣等類傳，又將原有次序作了重新排列，

〔一〕進新唐書表

如在舊唐書中，忠義傳排列第五，新唐書改爲第一，以表示糾正舊唐書「紀次無法」。舊唐書的合傳，大體上把同一時期地位接近或同一家族的人合在一起，新唐書作者認爲「忠奸善惡」不分，也加以改動。

新唐書還在列傳中保存了一些舊唐書所未載的史料。自安史之亂以後，史料散失不少，穆宗以下又無官修實録，所以宋祁爲唐後期人物立傳，採用了不少小説、筆記、傳狀、碑志、家譜、野史等資料。同時，還增加了不少唐代晚期人物的列傳。關於少數民族的種族、部落的記載，新唐書比舊唐書多而且詳。

我們這次點校，以百衲本（影印北宋嘉祐十四行本，殘缺部份，以北宋十六行本、南宋十行本補）爲工作本，參校了北宋閩刻十六行本（影印膠卷殘本）、南宋閩刻十行影印本（缺四十多卷）、汲古閣本、殿本和浙江書局本。

本書「文革」前曾由董家遵同志進行過初點。一九七一年，新唐書和舊唐書、舊五代史、新五代史、宋史等五史決定由上海人民出版社古籍編輯室組織力量在上海繼續進行工作。本書的點校主要由華東師範大學完成，復旦大學中國歷史地理研究所也承擔了部分工作。參加本書點校的，華東師範大學有（依姓氏筆畫爲序）石淑儀、李國鈞、李德清、吴澤、沈灌羣、周子美、林艾園、金祖孟、袁英光、徐震堮、徐德嶙、馬興榮、陳懷良、梁永昌、張惠芬、張瑞璠、葉百豐、楊積慶、趙善詒、謝天佑、戴家祥、簡修煒同志，復旦大學中國歷史地理研究所有（依姓氏筆畫爲序）祝培坤、鄒逸麟、趙永復、蔡尚思同志。參加全書編輯整理工作的有陸楓、李聖傳、葉亞廉、于在春、劉德權、馮菊年、周琪生同志（以上名單及排列順序均由各單位提供）。

這次重印，就已經發現的問題和可能條件作了少量的修正。

中華書局編輯部

唐書目錄

后妃下

卷七十八　列傳第三

宗室

卷八十　列傳第五

太宗諸子

卷八十一　列傳第六

三宗諸子

卷八十二 列傳第七

十一宗諸子

卷八十三　列傳第八

諸帝公主

卷八十八　列傳第十三

卷八十九　列傳第十四

卷九十二　列傳第十七

卷九十三　列傳第十八

卷九十四　列傳第十九

卷九十五　列傳第二十

卷九十六　列傳第二十一

卷一百　列傳第二十五

卷一百一　列傳第二十六

卷一百二　列傳第二十七

卷一百三　列傳第二十八

卷一百四　列傳第二十九

卷一百五　列傳第三十

卷一百一十　列傳第三十五

卷一百一十一　列傳第三十六

卷一百一十二　列傳第三十七

卷一百一十三　列傳第三十八

卷一百一十四　列傳第三十九

卷一百一十五　列傳第四十

卷一百一十六　列傳第四十一

卷一百一十七　列傳第四十二

卷一百一十八　列傳第四十三

卷一百一十九　列傳第四十四

卷一百二十三　列傳第四十八

卷一百二十四　列傳第四十九

卷一百二十五　列傳第五十

卷一百二十九　列傳第五十四

卷一百三十　列傳第五十五

卷一百三十一　列傳第五十六

宗室宰相

卷一百三十二　列傳第五十七

卷一百三十三　列傳第五十八

卷一百三十四　列傳第五十九

卷一百四十二　列傳第六十七

卷一百四十三　列傳第六十八

卷一百四十四　列傳第六十九

卷一百四十五　列傳第七十

卷一百四十六　列傳第七十一

卷一百四十七　列傳第七十二

卷一百四十八　列傳第七十三

卷一百四十九　列傳第七十四

卷一百五十　列傳第七十五

卷一百五十一 列傳第七十六

卷一百五十二 列傳第七十七

卷一百五十三 列傳第七十八

卷一百六十一　列傳第八十六

卷一百六十二　列傳第八十七

卷一百六十三　列傳第八十八

卷一百六十四　列傳第八十九

卷一百六十五　列傳第九十

卷一百六十六　列傳第九十一

卷一百六十七　列傳第九十二

卷一百六十八　列傳第九十三

卷一百六十九　列傳第九十四

卷一百七十　列傳第九十五

卷一百七十一　列傳第九十六

卷一百七十二　列傳第九十七

卷一百七十三　列傳第九十八

卷一百七十四　列傳第九十九

卷一百七十五　列傳第一百

卷一百七十六　列傳第一百一

卷一百七十七　列傳第一百二

卷一百八十二　列傳第一百七

卷一百八十三　列傳第一百八

卷一百八十七　列傳第一百一十二

卷一百八十八　列傳第一百一十三

卷一百八十九　列傳第一百一十四

卷一百九十　第一百一十五

卷一百九十一　列傳第一百一十六

忠義上

卷一百九十六　列傳第一百二十一

隱逸

卷一百九十七　列傳第一百二十二

循吏

卷一百九十八　列傳第一百二十三

儒學上

卷一百九十九　列傳第一百二十四

儒學中

卷二百　列傳第一百二十五

儒學下

卷二百二　列傳第一百二十七

文藝中

卷二百三　列傳第一百二十八

文藝下

卷二百四　列傳第一百二十九

方技

卷二百五　列傳第一百三十

列女

卷二百八　列傳第一百三十三

宦者下

卷二百九　列傳第一百三十四

酷吏

卷二百一十　列傳第一百三十五

藩鎮魏博

卷二百一十一　列傳第一百三十六

藩鎮鎮冀

卷二百一十二　列傳第一百三十七

卷二百二十二下　列傳第一百四十七下

卷二百二十三上　列傳第一百四十八上

卷二百二十三下　列傳第一百四十八下

唐書卷一

本紀第一

高祖

高祖神堯大聖大光孝皇帝諱淵，字叔德，姓李氏，隴西成紀人也。其七世祖暠，當晉末，據秦、涼以自王，是爲涼武昭王。暠生歆，歆爲沮渠蒙遜所滅。歆生重耳，魏弘農太守。重耳生熙，金門鎭將，戍于武川，因留家焉。熙生天賜，爲幢主。天賜生虎，西魏時，賜姓大野氏，官至太尉，與李弼等八人佐周代魏有功，皆爲柱國，號「八柱國家」。周閔帝受魏禪，虎已卒，乃追錄其功，封唐國公，諡曰襄。襄公生昞，襲封唐公，周安州總管〔一〕、柱國大將軍，卒，諡曰仁。

仁公生高祖於長安，體有三乳，性寬仁，襲封唐公。隋文帝獨孤皇后，高祖之從母也，以故文帝與高祖相親愛。文帝相周，復高祖姓李氏，以爲千牛備身，事隋譙、隴二州刺史。

大業中，歷岐州刺史、滎陽樓煩二郡太守，召爲殿內少監、衞尉少卿。煬帝征遼東，遣高祖督運糧於懷遠鎭。楊玄感將反，其兄弟從征遼者皆逃歸，高祖先覺以聞，煬帝遽班師，以高祖爲弘化留守以禦玄感，詔關右諸郡兵皆受高祖節度。

是時，隋政荒，天下大亂，煬帝多以猜忌殺戮大臣。嘗以事召高祖，高祖遇疾，不時謁。高祖有甥王氏在後宮，煬帝問之，王氏對以疾，煬帝曰：「可得死否？」高祖聞之益懼，因縱酒納賂以自晦。

十一年，拜山西河東慰撫大使，擊龍門賊母端兒〔三〕，射七十發皆中，賊敗去，而斂其尸以築京觀，盡得其箭於其尸。又擊絳州賊柴保昌，降其衆數萬人。突厥犯塞，高祖與馬邑太守王仁恭擊之，隋兵少，不敵。高祖選精騎二千爲游軍，居處飲食隨水草如突厥，而射獵馳騁示以閒暇，別選善射者伏爲奇兵。虜見高祖，疑不敢戰，高祖乘而擊之，突厥敗走。

十三年，拜太原留守，擊高陽歷山飛賊甄翟兒于西河，破之。是時，煬帝南遊江都，天下盜起。高祖子世民知隋必亡，陰結豪傑，招納亡命，與晉陽令劉文靜謀舉大事。計已決，而高祖未之知，欲以情告，懼不見聽。高祖留守太原，領晉陽宮監，而所善客裴寂爲副監，世民陰與寂謀，寂因選晉陽宮人私侍高祖。高祖過寂飲酒，酒酣從容，寂具以大事告之，高祖大驚。寂曰：「正爲宮人奉公，事發當誅，爲此爾。」世民因亦入白其事，高祖初陽不許，欲執世民送官，已而許之，曰：「吾愛汝，豈忍告汝邪？」然未有以發。而所在盜賊益多，突厥數犯邊，高祖兵出無功，煬帝遣使者執高祖詣江都，高祖大懼。世民曰：「事急矣，可舉事！」已而煬帝復馳使者赦止高祖，其事遂已。

是時，劉武周起馬邑，林士弘起豫章，劉元進起晉安，皆稱皇帝；朱粲起南陽，號楚帝；李子通起海陵，號楚王；邵江海據岐州，號新平王；薛舉起金城，號西秦霸王；郭子和起榆林，號永樂王；竇建德起河間，號長樂王；王須拔起恆、定，號漫天王；汪華起新安，杜伏威起淮南，皆號吳王；李密起鞏，號魏公；王德仁起鄴，號太公；左才相起齊郡，號博山公；羅藝據幽州，左難當據涇，馮盎據高、羅，皆號總管；梁師都據朔方，號大丞相；孟海公據曹州，號錄事；周文舉據淮陽，號柳葉軍；高開道據北平，張長遜據五原，周洮據上洛，楊士林據山南，徐圓朗據兗州，楊仲達據豫州，張善相據伊、汝，王要漢據汴州，時德叡據尉氏，李義滿據平陵，綦公順據青、萊，淳于難據文登，徐師順據任城，蔣弘度據東海，王薄據齊郡，蔣善合據鄆州，田留安據章丘，張青特據濟北，臧君相據海州，殷恭邃據舒州，周法明據永安，苗海潮據永嘉，梅知巖據宣城，鄧文進據廣州，俚酋楊世略據循、潮，冉安昌據巴東，甯長眞據鬱林，其別號諸盜往往屯聚山澤。而劉武周攻汾陽宮，高祖乃集將吏告曰：「今吾爲留守，而賊據離宮，縱賊不誅，罪當死。然出兵必待報，今江都隔遠，後期奈何？」將吏皆曰：「國家之利可專者，公也。」高祖曰：「善。」乃募兵，旬日間得衆一萬。副留守虎賁郎將王威、虎牙郎將高君雅見兵大集，疑有變，謀因禱雨晉祠以圖高祖。高祖覺之，乃陰爲備。

五月甲子，高祖及威、君雅視事，開陽府司馬劉政會告威、君雅反，即坐上執之。丙寅，突厥犯邊，高祖令軍中曰：「人告威、君雅召突厥，今其果然。」遂殺之以起兵。遣劉文靜使突厥，約連和。

六月己卯，傳檄諸郡，稱義兵，開大將軍府，置三軍。以子建成爲隴西公、左領軍大都督，左軍隸焉；世民爲燉煌公、右領軍大都督，右軍隸焉；元吉爲姑臧公，中軍隸焉。裴寂爲長史，劉文靜爲司馬，石艾縣長殷開山爲掾〔三〕，劉政會爲屬，長孫順德、王長諧、劉弘基、竇琮爲統軍。開倉庫賑窮乏。

七月壬子，高祖杖白旗，誓衆於野，有兵三萬，以元吉爲太原留守。癸丑，發太原。甲寅，遣將張綸徇下離石、龍泉、文城三郡。丙辰，次靈石，營於賈胡堡。隋虎牙郎將宋老生屯于霍邑，以拒義師。丙寅，隋鷹揚府司馬李軌起武威，號大涼王。

八月辛巳，敗宋老生于霍邑。丙戌，下臨汾郡。辛卯，克絳郡。癸巳，次龍門，突厥來助。隋驍衛大將軍屈突通守河東，絕津梁。壬寅，馮翊賊孫華、土門賊白玄度皆具舟以來逆。

九月戊午，高祖領太尉，加置僚佐。以少牢祀河，乃濟。甲子，次長春宮。丙寅，隴西公建成、劉文靜屯永豐倉，守潼關。燉煌公世民自渭北徇三輔，從父弟神通起兵于鄠，柴氏婦，高祖女也，亦起兵于司竹，皆與世民會。鄠賊丘師利李仲文、盩厔賊何潘仁向善思、宜君賊劉炅等皆來降，因略定鄠、杜。壬申，高祖次馮翊。乙亥，燉煌公世民屯阿城，隴西公建成自新豐趨霸上。丙子，高祖自下邽以西，所經隋行宮、苑籞，悉罷之，出宮女還其家。

十月辛巳，次長樂宮，有衆二十萬。隋留守衞文昇等奉代王侑守京城，高祖遣使諭之，不報。乃圍城，下令曰：「犯隋七廟及宗室者，罪三族。」丙申，隋羅山令蕭銑自號梁公。

十一月丙辰，克京城。命主符郎宋公弼收圖籍。約法十二條，殺人、劫盜、背軍、叛者死。癸亥，遙尊隋帝爲太上皇，立代王爲皇帝。大赦，改元義寧。甲子，高祖入京師，至朝堂，望闕而拜。隋帝授高祖假黃鉞、使持節、大都督內外諸軍事、大丞相、錄尚書事，進封唐王。以武德殿爲丞相府，下教曰令，視事于虔化門。

十二月癸未，隋帝贈唐襄公爲景王；仁公爲元王；夫人竇氏爲唐國妃，謚曰穆。以建成爲唐國世子；世民爲唐國內史，徙封秦國公；元吉爲齊國公。丞相府置長史、司錄以下官。趙郡公孝恭徇山南。甲辰，雲陽令詹俊徇巴、蜀。

二年正月丁未，隋帝詔唐王劍履上殿，入朝不趨，贊拜不名，加前後羽葆、鼓吹。戊午，周洮降。戊辰，世子建成爲左元帥，秦國公世民爲右元帥，徇地東都。

二月己卯，太常卿鄭元璹定樊、鄧，使者馬元規徇荊、襄。

三月己酉，齊國公元吉爲太原道行軍元帥。乙卯，世民徙封趙國公。丙辰，隋右屯衞將軍宇文化及弒太上皇于江都，立秦王浩爲皇帝。吳興郡守沈法興據丹陽，自稱江南道總管。樂安人盧祖尙據光州，自稱刺史。戊辰，隋帝進唐王位相國，總百揆，備九錫，唐國置丞相等官，立四廟。

四月己卯，張長遜降。辛巳，停竹使符，班銀菟符。

五月乙巳，隋帝命唐王冕十有二旒，建天子旌旗，出警入蹕。甲寅，王德仁降。戊午，隋帝遜于位，以刑部尙書蕭造、司農少卿裴之隱奉皇帝璽紱於唐王，三讓乃受。

武德元年五月甲子，卽皇帝位于太極殿。命蕭造兼太尉，告于南郊，大赦，改元。賜百官、庶人爵一級，義師所過給復三年，其餘給復一年。改郡爲州，太守爲刺史。庚午，太白晝見。隋東都留守元文都及左武衞大將軍王世充立越王侗爲皇帝。

六月甲戌，趙國公世民爲尙書令，裴寂爲尙書右僕射、知政事，劉文靜爲納言，隋民部尙書蕭瑀、丞相府司錄參軍竇威爲內史令。丙子，太白晝見。己卯，追謚皇高祖曰宣簡公；皇曾祖曰懿王；皇祖曰景皇帝，廟號太祖，祖妣梁氏曰景烈皇后；皇考曰元皇帝，廟號世祖，妣獨孤氏曰元貞皇后；妃竇氏曰穆皇后。庚辰，立世子建成爲皇太子，封世民爲秦王，元吉齊王。癸未，薛舉寇涇州，秦王世民爲西討元帥，劉文靜爲司馬。太僕卿宇文明達招慰山東。乙酉，奉隋帝爲酅國公，詔曰：「近世時運遷革，前代親族，莫不夷絕。曆數有歸，實惟天命；興亡之效，豈伊人力。前隋蔡王智積等子孫，皆選用之。」癸巳，禁言符瑞者。辛丑，竇威薨。黃門侍郎陳叔達判納言，將作大匠竇抗兼納言。

七月壬子，劉文靜及薛舉戰于涇州，敗績。乙卯，郭子和降。庚申，廢隋離宮。

八月壬申，劉文靜除名。戊寅，約功臣恕死罪。辛巳，薛舉卒。壬午，李軌降。甲申，巖州刺史王德仁殺招慰使宇文明達以反。己丑，秦王世民爲西討元帥，以討薛仁杲。庚子，贈隋太常卿高熲上柱國、郯國公，上柱國賀若弼杞國公，司隸大夫薛道衡上開府、臨河縣公，刑部尙書宇文弢上開府、平昌縣公，左翊衞將軍董純柱國、狄道公，右驍衞將軍李金才上柱國、申國公，左光祿大夫李敏柱國、觀國公。諸遭隋枉殺而子孫被流者，皆還之。

九月乙巳，慮囚。始置軍府。癸丑，改銀菟符爲銅魚符。甲寅，秦州總管竇軌及薛仁杲戰，敗績。辛未，宇文化及殺秦王浩，自稱皇帝。

十月壬申朔，日有食之。己卯，李密降。壬午，朱粲陷鄧州，刺史呂子臧死之。乙酉，邵江海降。己亥，盜殺商州刺史泉彥宗。辛丑，大閱。是月，竇抗罷。

十一月，竇建德敗王須拔于幽州，須拔亡入于突厥。乙巳，涼王李軌反。戊申，禁獻侏儒短節、小馬庳牛、異獸奇禽者。己酉，秦王世民敗薛仁杲，執之。癸丑，行軍總管趙慈景攻蒲州，隋刺史堯君素拒戰，執慈景。癸亥，秦王世民俘薛仁杲以獻。

十二月壬申，世民爲太尉。丙子，蒲州人殺堯君素，立其將王行本。辛巳，鄭元璹及朱粲戰于商州，敗之。乙酉，如周氏陂。丁亥，至自周氏陂。庚子，光祿卿李密反，伏誅。

是歲，高開道陷漁陽，號燕王。

二年正月甲子，陳叔達兼納言。詔自今正月、五月、九月不行死刑，禁屠殺。丙寅，張善相降。己巳，楊士林降。

二月乙酉，初定租、庸、調法。令文武官終喪。丙戌，州置宗師一人。甲午，赦并、浩、介、石四州賈胡堡以北繫囚。閏月，竇建德陷邢州，執總管陳君賓。辛丑，竇建德殺宇文化及于聊城。朱粲降。壬寅，皇太子及秦王世民、裴寂巡于畿縣。乙巳，御史大夫段確勞朱粲于菊潭。庚戌，微行，察風俗。乙卯，以穀貴，禁關內屠酤。左屯衛將軍何潘仁及山賊張子惠戰于司竹，死之。丁巳，虜囚。庚申，驍騎將軍趙欽、王婆羅及山賊戰于盩厔，死之。丁卯，王世充陷殷州，陟州刺史李育德死之。

三月甲戌，王薄降。庚辰，蔣弘度、徐師順降。丁亥，竇建德陷趙州。丁酉，李義滿降。

四月，綦公順降。庚子，并州總管、齊王元吉及劉武周戰于榆次，敗績。辛丑，朱粲殺段確以反。乙巳，王世充廢越王侗，自稱皇帝。癸亥，陷伊州，執總管張善相。

五月庚辰，凉州將安脩仁執李軌以降。癸未，曲赦凉、甘、瓜、鄯、肅、會、蘭、河、廓九州。

六月，王世充殺越王侗。戊戌，立周公、孔子廟于國子監。庚子，竇建德陷滄州。丁未，劉武周陷介州。癸亥，裴寂爲晉州道行軍總管。離石胡劉季眞叛，陷石州，刺史王儉死之。

七月壬申，徐圓朗降。

八月丁酉，酅國公薨。甲子，竇建德陷洺州，執總管袁子幹。

九月辛未，殺戶部尚書劉文靜。李子通自稱皇帝。沈法興自稱梁王。丁丑，杜伏威降。裴寂及劉武周戰于介州，敗績，右武衞大將軍姜寶誼死之。庚辰，竇建德陷相州，總管呂珉死之。辛巳，劉武周陷并州。庚寅，太白晝見。竇建德陷趙州，執總管張志昂。乙未，京師地震。梁師都寇延州，鄜州刺史梁禮死之。

十月己亥，羅藝降。乙卯，如華陰，赦募士背軍者。壬戌，劉武周寇晉州，永安王孝基及工部尚書獨孤懷恩、陝州總管于筠、內史侍郎唐儉討之。甲子，祠華山。是月，夏縣人呂崇茂反。秦王世民討劉武周。

十一月丙子，竇建德陷黎州，執淮安王神通、總管李世勣。

十二月丙申，獵于華山。永安王孝基及劉武周戰于下邽，敗績。壬子，大風拔木。

三年正月己巳，獵于渭濱。戊寅，王行本降。辛巳，如蒲州。癸巳，至自蒲州。

二月丁酉，京師西南地有聲。庚子，如華陰。甲寅，獨孤懷恩謀反，伏誅。辛酉，檢校隰州總管劉師善謀反，伏誅。

三月庚午，改納言爲侍中，內史令爲中書令。甲戌，中書侍郎封德彝兼中書令。乙酉，劉季眞降。

四月丙申，祠華山。壬寅，至自華陰。癸卯，禁關內諸州屠。甲寅，秦王世民及宋金剛戰于雀鼠谷，敗之。辛酉，王世充陷鄧州，總管雷四郎死之。壬戌，秦王世民及劉武周戰于洺州，敗之，武周亡入于突厥。克幷州。

五月壬午，秦王世民屠夏縣。

六月丙申，赦晉、隰、潞、并四州。癸卯，詔隋帝及其宗室柩在江都者，爲營窆，置陵廟，以故宮人守之。丙午，慮囚。封子元景爲趙王，元昌魯王，元亨酆王。己酉，出宮女五百人，賜東征將士有功者。甲寅，顯州長史田瓚殺行臺尚書令楊士林，叛附于王世充。乙卯，瘞州縣暴骨。

七月壬戌，秦王世民討王世充。甲戌，皇太子屯于蒲州，以備突厥。丙戌，梁師都導突厥、稽胡寇邊，行軍總管段德操敗之。

八月庚子，慮囚。甲辰，時德叡降。

九月癸酉，田瓚降。己丑，給復陝、鼎、熊、穀四州二年。

十月戊申，高開道降。己酉，楊仲達降。己未，有星隕于東都。

十二月己酉，瓜州刺史賀拔行威反。

四年正月辛巳，皇太子伐稽胡。

二月，竇建德陷曹州，執孟海公。己丑，車騎將軍董阿興反于隴州，伏誅。乙巳，太常少卿李仲文謀反，伏誅。丙午，慮囚。丁巳，赦代州總管府石嶺之北。

三月，進封宜都郡王泰爲衞王。庚申，慮囚。乙酉，竇建德陷管州，刺史郭志安死之。四月壬寅，齊王元吉及王世充戰于東都，敗績，行軍總管盧君諤死之。戊申，突厥寇幷州，執漢陽郡王瓌、太常卿鄭元璹、左驍騎衞大將軍長孫順德。甲寅，封子元方爲周王，元禮鄭王，元嘉宋王，元則荆王，元茂越王。丁巳，左武衞將軍王君廓敗張青特，執之。

五月壬戌，秦王世民敗竇建德于虎牢，執之。乙丑，赦山東爲建德所詿誤者。戊辰，王世充降。庚午，周法明降。

六月庚寅，赦河南爲王世充所詿誤者。戊戌，蔣善合降。庚子，營州人石世則執其總管晉文衍，叛附于靺鞨。乙卯，臧君相降。

七月甲子，秦王世民俘王世充以獻。丙寅，竇建德伏誅。丁卯，大赦，給復天下一年，陝、鼎、函、虢、虞、芮、豳七州二年。甲戌，劉黑闥反于貝州。辛巳，戴州刺史孟噉鬼反，伏誅。

八月丙戌朔，日有食之。丁亥，皇太子安撫北境。丁酉，劉黑闥陷鄃縣，魏州刺史權威、貝州刺史戴元祥死之。癸卯，突厥寇代州，執行軍總管王孝基。丁未，劉黑闥陷歷亭，屯衞將軍王行敏死之。辛亥，深州人崔元遜殺其刺史裴晞，叛附于劉黑闥。兗州總管徐圓朗反。

九月，盧祖尚降。乙卯，淳于難降。甲子，汪華降。

是秋，夔州總管、趙郡王孝恭率十二總管兵以討蕭銑。

十月己丑，秦王世民爲天策上將，領司徒，齊王元吉爲司空。庚寅，劉黑闥陷瀛州，執刺史盧士叡，又陷觀州。癸卯，毛州人董燈明殺其刺史趙元愷。乙巳，趙郡王孝恭敗蕭銑于荆州，執之。

閏月乙卯，如稷州。己未，幸舊墅。壬戌，獵于好畤。乙丑，獵于九嵕。丁卯，獵于仲山。戊辰，獵于清水谷，遂幸三原。辛未，如周氏陂。壬申，至自周氏陂。

十一月甲申，有事于南郊。庚寅，李子通降。丙申，子通謀反，伏誅。壬寅，劉黑闥陷定州，總管李玄通死之。庚戌，杞州人周文舉殺其刺史王孝矩，叛附于黑闥。

十二月乙卯，黑闥陷冀州，總管麴稜死之。甲子，左武候將軍李世勣及黑闥戰于宋州，敗績。丁卯，秦王世民、齊王元吉討黑闥。己巳，黑闥陷邢州。庚午，陷魏州，總管潘道毅死之。辛未，陷莘州〔四〕。壬申，徙封元嘉爲徐王。

五年正月乙酉，劉黑闥陷相州，刺史房晃死之。丙戌，殷恭邃降。丁亥，濟州別駕劉伯通執其刺史竇務本，叛附于徐圓朗。庚寅，東鹽州治中王才藝殺其刺史田華，叛附于劉黑闥。丙申，相州人殺其刺史獨孤徹，以其州叛附于黑闥。己酉，楊世略、劉元進降。

二月，王要漢降。己巳，秦王世民克邢州。丁丑，劉黑闥陷洺水，總管羅士信死之。戊寅，汴州總管王要漢敗徐圓朗于杞州，執周文舉。

三月戊戌，譚州刺史李義滿殺齊州都督王薄。丁未，秦王世民及劉黑闥戰于洺水，敗之，黑闥亡入于突厥。蔚州總管高開道反，寇易州，刺史慕容孝幹死之。

四月，梁州野蠶成繭。冉安昌降。己未，甯長眞降。戊辰，釋流罪以下種麥。壬申，代州總管李大恩及突厥戰，死之。戊寅，鄧文進降。

五月，田留安降。庚寅，瓜州人王幹殺賀拔行威以降。乙巳，賜荆州今歲田租。

六月辛亥，劉黑闥與突厥寇山東。車騎將軍元韶爲瓜州道行軍總管，以備突厥。癸丑，吐谷渾寇洮、旭、疊三州，岷州總管李長卿敗之。乙卯，淮安郡王神通討徐圓朗。

七月甲申，作弘義宮。甲午，淮陽郡王道玄爲河北道行軍總管，討劉黑闥。貝州人董該以定州叛附于黑闥。丙申，突厥殺劉武周于白道。遷州人鄧士政反，執其刺史李敬昂。丁酉，馮盎降。

八月辛亥，葬隋煬帝。甲寅，吐谷渾寇岷州，益州道行臺左僕射竇軌敗之。乙卯，突厥寇邊。庚申，皇太子出豳州道，秦王世民出秦州道，以禦突厥。己巳，吐谷渾陷洮州。幷州總管、襄邑郡王神符及突厥戰于汾東，敗之。戊寅，突厥陷大震關。

九月癸巳，靈州總管楊師道敗之于三觀山。丙申，洪州總管宇文歆又敗之于崇岡。壬寅，定州總管雙士洛、驃騎將軍魏道仁又敗之于恆山之陽。丙午，領軍將軍安興貴又敗之于甘州。劉黑闥陷瀛州，刺史馬匡武死之。東鹽州人馬君德以其州叛附于黑闥。

十月己酉，齊王元吉討黑闥。癸丑，貝州刺史許善護及黑闥戰于鄃縣，死之。甲寅，觀州刺史劉君會叛附于黑闥。乙丑，淮陽郡王道玄及黑闥戰于下博，死之。己巳，林士弘降。

十一月庚辰，劉黑闥陷滄州。甲申，皇太子討黑闥。丙申，如宜州。癸卯，獵于富平北原。

十二月丙辰，獵于萬壽原。戊午，劉黑闥陷恆州，刺史王公政死之。庚申，至自萬壽原。壬申，皇太子及劉黑闥戰于魏州，敗之。甲戌，又敗之于毛州。

六年正月己卯，黑闥將葛德威執黑闥以降〔五〕。壬午，嶲州人王摩娑反，驃騎將軍衞彥討之。庚寅，徐圓朗陷泗州。

二月，劉黑闥伏誅。庚戌，幸溫湯。壬子，獵于驪山。甲寅，至自溫湯。丙寅，行軍總管李世勣敗徐圓朗，執之。

三月，苗海潮、梅知巖、左難當降。乙巳，洪州總管張善安反。

四月己酉，吐蕃陷芳州〔六〕。己未，以故第爲通義宮，祭元皇帝、元貞皇后于舊寢。赦京城，賜從官帛。辛酉，張善安陷孫州，執總管王戎。丁卯，南州刺史龐孝泰反，陷南越州。壬申，封子元璹爲蜀王，元慶漢王。癸酉，裴寂爲尚書左僕射，蕭瑀爲右僕射，封德彝爲中書令，吏部尚書趙恭仁兼中書令、檢校涼州諸軍事。

五月庚寅，吐谷渾、党項寇河州，刺史盧士良敗之。癸卯，高開道以奚寇幽州，長史王詵敗之。

六月丁卯，突厥寇朔州，總管高滿政敗之。曲赦朔州。

七月丙子，沙州別駕竇伏明反，殺其總管賀若懷廓。己亥，皇太子屯于北邊，秦王世民屯于并州，以備突厥。

八月壬子，淮南道行臺左僕射輔公祏反。乙丑，趙郡王孝恭討之。

九月壬辰，秦王世民爲江州道行軍元帥。丙申，渝州人張大智反。

十月丙午，殺廣州都督劉世讓。戊申，降死罪，流以下原之。己未，如華陰。張大智降。庚申，獵于白鹿原。壬戌，右虞候率杜士遠殺高滿政，以朔州反。丁卯，突厥請和。

十一月壬午，張善安襲殺黃州總管周法明。丁亥，如華陰。辛卯，獵于沙苑。丁酉，獵于伏龍原。

十二月壬寅朔，日有食之。癸卯，張善安降。庚戌，以奉義監爲龍躍宮，武功宅爲慶善宮。甲寅，至自華陰。

七年正月庚寅，鄒州人鄧同穎殺其刺史李士衡。

二月丁巳，釋奠于國學。己未，漁陽部將張金樹殺高開道以降。

三月戊戌，趙郡王孝恭敗輔公祏，執之。己亥，孝恭殺越州都督闞稜。

四月庚子，大赦。班新律令。給復江州道二年、揚越一年。

五月丙戌，作仁智宮。

六月辛丑，如仁智宮。壬戌，慶州都督楊文幹反。

七月己巳，突厥寇朔州，總管秦武通敗之。癸酉，慶州人殺楊文幹以降。甲午，至自仁智宮。巂州地震山崩，遏江水。

閏月己未，秦王世民、齊王元吉屯于豳州，以備突厥。

八月己巳，吐谷渾寇鄯州，驃騎將軍彭武傑死之。戊寅，突厥寇綏州，刺史劉大俱敗之。壬辰，突厥請和。丁酉，裴寂使于突厥。

十月丁卯，如慶善宮。辛未，獵于鄠南。癸酉，幸終南山。丙子，謁樓觀老子祠。庚寅，獵于圍川。

十二月丁卯，如龍躍宮。戊辰，獵于高陵。庚午，至自高陵。太子詹事裴矩檢校侍中。

八年二月癸未，慮囚。

四月甲申，如鄠，獵于甘谷。作太和宮。丙戌，至自鄠。

六月甲子，如太和宮。

七月丙午，至自太和宮。丁巳，秦王世民屯于蒲州，以備突厥。

八月壬申，并州行軍總管張瑾及突厥戰于太谷，敗績，鄆州都督張德政死之，執行軍長史温彥博。甲申，任城郡王道宗及突厥戰于靈州，敗之。丁亥，突厥請和。

十月辛巳，如周氏陂，獵于北原。壬午，如龍躍宮。

十一月辛卯，如宜州，獵于西原。裴矩罷。庚子，講武于同官。天策府司馬宇文士及權檢校侍中。辛丑，徙封元璹爲吳王，元慶陳王。癸卯，秦王世民爲中書令，齊王元吉爲侍中。癸丑，獵于華池北原。

十二月辛酉，至自華池。庚辰，獵于鳴犢泉。辛巳，至自鳴犢泉。

九年正月甲寅，裴寂爲司空。

二月庚申，齊王元吉爲司徒。壬午，有星孛于胃、昴。丁亥，孛于卷舌。

三月庚寅，幸昆明池，習水戰。壬辰，至自昆明池。丙午，如周氏陂。乙卯，至自周氏陂。丁巳，突厥寇涼州，都督、長樂郡王幼良敗之。

四月辛巳，廢浮屠、老子法。

六月丁巳，太白經天。庚申，秦王世民殺皇太子建成、齊王元吉。大赦。復浮屠、老子法。癸亥，立秦王世民爲皇太子，聽政。賜爲父後者爵，赤牒官得爲眞，免民逋租宿賦。己卯，太白晝見。庚辰，幽州都督、廬江郡王瑗反，伏誅。癸未，赦幽州管內爲瑗所詿誤者。

七月辛卯，楊恭仁罷。太子右庶子高士廉爲侍中，左庶子房玄齡爲中書令，蕭瑀爲尙書左僕射。癸巳，宇文士及爲中書令，封德彝爲尙書左僕射。辛亥，太白晝見。甲寅，太白晝見。

八月丙辰，突厥請和。丁巳，太白晝見。壬戌，吐谷渾請和。甲子，皇太子卽皇帝位。

貞觀三年，太上皇徙居大安宮。九年五月，崩于垂拱前殿，年七十一。謚曰太武，廟號孝皇帝。

高祖。上元元年，改謚神堯皇帝。天寶八載，謚神堯大聖皇帝；十三載，增謚神堯大聖大光

贊曰：自古受命之君，非有德不王。自夏后氏以來，始傳以世，而有賢有不肖，故其爲世，數亦或短或長。論者乃謂周自后稷至於文、武，積功累仁，其來也遠，故其爲世尤長。然考於世本，夏、商、周皆出於黃帝，夏自鯀以前，商自契至於成湯，其間寂寥無聞，與周之興異矣。而漢亦起於亭長叛亡之徒。及其興也，有天下皆數百年而後已。由是言之，天命豈易知哉！然考其終始治亂，顧其功德有厚薄與其制度紀綱所以維持者如何，而其後世，或寖以隆昌，或遽以壞亂，或漸以陵遲，或能振而復起，或遂至於不可支持，雖各因其勢，然有德則興，無德則絕，豈非所謂天命者常不顯其符，而俾有國者兢兢以自勉耶？唐在周、隋之際，世雖貴矣，然烏有所謂積功累仁之漸，而高祖之興，亦何異因時而特起者歟？雖其有治有亂，或絕或微，然其有天下年幾三百，可謂盛哉！豈非人厭隋亂而蒙德澤，繼以太宗之治，制度紀綱之法，後世有以憑藉扶持，而能永其天命歟？

校勘記

〔一〕周安州總管　「周」，各本原作「隋」，本書卷七〇上宗室世系表及舊唐書（下簡稱舊書）卷一高祖紀並作「周」。按唐高祖以周天和元年生於長安，七歲襲唐國公，爲周建德元年，則昞終于周，並未入隋。作「周」是，據改。

〔二〕毋端兒　「毋」，衲、影印南宋閩刻十行（下簡稱十行本）、殿、局本同，汲本作「馬」；資治通鑑（下簡稱通鑑）卷一八二作「毋」，胡三省注（下簡稱胡注）：「毋，音無；姓也。」

〔三〕石艾縣長殷開山爲掾　「石艾縣長」，本書卷九〇殷開山傳、舊書卷五八殷嶠傳及通鑑卷一八四均作「太谷長」。

〔四〕庚午陷魏州總管潘道毅死之辛未陷莘州　「莘」，各本原作「業」，通鑑卷一八九作「莘」。按本書卷三九地理志魏州莘縣云：「武德五年，以莘、臨黃、武陽、博州之武水置莘州。」是莘州乃由魏州析置。既云「庚午，陷魏州」，次日辛未所陷當爲莘州。據改。

〔五〕葛德威　本書卷八六劉黑闥傳及通鑑卷一九〇均作「諸葛德威」。

〔六〕吐蕃陷芳州　通鑑卷一九〇作「吐谷渾寇芳州」。

唐書卷二

本紀第二

太宗

太宗文武大聖大廣孝皇帝諱世民，高祖次子也。母曰太穆皇后竇氏。生而不驚。方四歲，有書生謁高祖曰：「公在相法，貴人也，然必有貴子。」及見太宗，曰：「龍鳳之姿，天日之表，其年幾冠，必能濟世安民。」書生已辭去，高祖懼其語泄，使人追殺之，而不知其所往，因以爲神。乃採其語，名之曰世民。

大業中，突厥圍煬帝鴈門，煬帝從圍中以木繫詔書，投汾水而下，募兵赴援。太宗時年十六，往應募，隸將軍雲定興，謂定興曰：「虜敢圍吾天子者，以爲無援故也。今宜先後吾軍爲數十里，使其晝見旌旗，夜聞鉦鼓，以爲大至，則可不擊而走之。不然，知我虛實，則勝敗未可知也。」定興從之。軍至崞縣，突厥候騎見其軍來不絕，果馳告始畢可汗曰：「救兵大至矣！」遂引去。高祖擊歷山飛，陷其圍中，太宗馳輕騎取之而出，遂奮擊，大破之。

太宗爲人聰明英武，有大志，而能屈節下士。時天下已亂，盜賊起，知隋必亡，乃推財養士，結納豪傑。長孫順德、劉弘基等，皆因事亡命，匿之。又與晉陽令劉文靜尤善，文靜坐李密事繫獄，太宗夜就獄中見之，與圖大事。時百姓避賊多入城，城中幾萬人，文靜爲令久，知其豪傑，因共部署。計已定，乃因裴寂告高祖。高祖初不許，已而許之。

高祖已起兵，建大將軍府。太宗率兵徇西河，斬其郡丞高德儒。拜右領軍大都督，封燉煌郡公。唐兵西，將至霍邑，會天久雨，糧且盡，高祖謀欲還兵太原。太宗諫曰：「義師爲天下起也，宜直入咸陽，號令天下。今還守一城，是爲賊爾。」高祖不納。太宗哭于軍門，高祖驚，召問之，對曰：「還則衆散於前，而敵乘於後，死亡須臾，所以悲爾。」高祖寤，曰：「起事者汝也，成敗惟汝。」時左軍已先返，卽與隴西公建成分追之。夜半，太宗失道入山谷，棄其馬，步而及其兵，與俱還。高祖乃將而前，遲明至霍邑。宋老生不出，太宗從數騎傅其城，舉鞭指麾，若將圍之者。老生怒，出，背城陣。高祖率建成居其東，太宗及柴紹居其南。老生兵薄東陣，建成墜馬，老生乘之，高祖軍却。太宗自南原馳下坂，分兵斷其軍爲二，而出其陣後，老生兵敗走，遂斬之。進次涇陽，擊胡賊劉鷂子，破之。唐兵攻長安，太宗屯金城坊，攻其西北，遂克之。義寧元年，爲光祿大夫、唐國內史，徙封秦國公，食邑萬戶。薛舉攻扶風，太宗擊敗之，斬首萬餘級，遂略地至隴右。二年，爲右元帥，徙封趙國公，率兵十萬攻東都，不克而還，設三伏于三王陵，敗隋將段達兵萬人。

武德元年，爲尚書令、右翊衞大將軍，進封秦王。薛舉寇涇州，太宗爲西討元帥，進位雍州牧。七月，太宗有疾，諸將爲舉所敗。八月，太宗疾閒，復屯于高墌城，相持六十餘日。已而舉死，其子仁杲率其衆求戰，太宗按軍不動。久之，仁杲糧盡，衆稍離叛，太宗曰：「可矣！」乃遣行軍總管梁實柵淺水原。仁杲將宗羅睺擊實，太宗遣將軍龐玉救實，玉軍幾敗，太宗率兵出其後，羅睺敗走，太宗追之，至其城下，仁杲乃出降。師還，高祖遣李密馳傳勞之于豳州。密見太宗，不敢仰視，退而歎曰：「眞英主也！」獻捷太廟，拜右武候大將軍、太尉、使持節、陝東道大行臺尚書令，詔蒲、陝、河北諸總管兵皆受其節度。

二年正月，鎭長春宮，進拜左武候大將軍、涼州總管。是時，劉武周據幷州，宋金剛陷澮州〔二〕，王行本據蒲州，而夏縣人呂崇茂殺縣令以應武周。高祖懼，詔諸將棄河東以守關中。太宗以爲不可棄，願得兵三萬可以破賊。高祖於是悉發關中兵益之。十一月，出龍門關，屯于柏壁。

三年四月，擊敗宋金剛于柏壁。金剛走介州，太宗追之，一日夜馳二百里，宿于雀鼠谷之西原。軍士皆饑，太宗不食者二日，行至浩州乃得食，而金剛將尉遲敬德、尋相等皆來降。劉武周懼，奔于突厥，其將楊伏念舉并州降。高祖遣蕭瑀即軍中拜太宗益州道行臺尚書令。七月，討王世充，敗之于北邙。

四年二月，竇建德率兵十萬以援世充，太宗敗建德于虎牢，執之，世充乃降。六月，凱旋，太宗被金甲，陳鐵騎一萬、介士三萬，前後鼓吹，獻俘于太廟。高祖以謂太宗功高，古官號不足以稱，乃加號天策上將，領司徒、陝東道大行臺尚書令，位在王公上，增邑戶至三萬，賜衮冕、金輅、雙璧、黃金六千斤，前後鼓吹九部之樂，班劍四十人。

五年正月，討劉黑闥於洺州，敗之。黑闥既降，已而復反。高祖怒，命太子建成取山東男子十五以上悉阬之，驅其小弱婦女以實關中。太宗切諫，以爲不可，遂已。加拜左右十二衞大將軍。

七年，突厥寇邊，太宗與遇于豳州，從百騎與其可汗語，乃盟而去。

八年，進位中書令。初，高祖起太原，非其本意，而事出太宗。及取天下，破宋金剛、王世充、竇建德等，太宗功益高，而高祖屢許以爲太子。太子建成懼廢，與齊王元吉謀害太宗，未發。

九年六月，太宗以兵入玄武門，殺太子建成及齊王元吉。高祖大驚，乃以太宗爲皇太子。

八月甲子，即皇帝位于東宮顯德殿。遣裴寂告于南郊。大赦，武德流人還之。賜文武官勳、爵。免關內及蒲、芮、虞、泰、陝、鼎六州二歲租，給復天下一年。民八十以上賜粟帛，百歲加版授。廢潼關以東瀕河諸關。癸酉，放宮女三千餘人。丙子，立妃長孫氏爲皇后。癸未，突厥寇便橋。乙酉，及突厥頡利盟于便橋。

九月壬子，禁私家妖神淫祀、占卜非龜易五兆者。

十月丙辰朔，日有食之。癸亥，立中山郡王承乾爲皇太子。庚辰，蕭瑀、陳叔達罷。

十一月庚寅，降宗室郡王非有功者爵爲縣公。

十二月癸酉，慮囚。

是歲，進封子長沙郡王恪爲漢王，宜陽郡王祐楚王。

貞觀元年正月乙酉，改元。辛丑，燕郡王李藝反于涇州，伏誅。

二月丁巳，詔民男二十、女十五以上無夫家者，州縣以禮聘娶；貧不能自行者，鄉里富人及親戚資送之；鰥夫六十、寡婦五十、婦人有子若守節者勿彊。

三月癸巳，皇后親蠶。丙午，詔：「齊僕射崔季舒、黃門侍郎郭遵、尚書右丞封孝琰以極言蒙難，季舒子剛、遵子雲、孝琰子君遵並及淫刑，宜免內侍，褒敍以官。」

閏月癸丑朔，日有食之。

四月癸巳，涼州都督、長樂郡王幼良有罪，伏誅。

五月癸丑，敕中書令、侍中朝堂受訟辭，有陳事者悉上封。

六月辛丑，封德彝薨。甲辰，太子少師蕭瑀爲尚書左僕射。

是夏，山東旱，免今歲租。

七月壬子，吏部尚書長孫无忌爲尚書右僕射。

八月河南、隴右邊州霜。宇文士及檢校涼州都督。戊戌，貶高士廉爲安州大都督。

九月庚戌朔，日有食之。辛酉，遣使諸州行損田，賑問下戶。御史大夫杜淹檢校吏部尚書，參議朝政。宇文士及罷。辛未，幽州都督王君廓奔于突厥。

十月丁酉，以歲饑減膳。

十一月己未，許子弟年十九以下隨父兄之官所。

十二月壬午，蕭瑀罷。戊申，利州都督李孝常、右武衞將軍劉德裕謀反，伏誅。

二年正月辛亥，長孫无忌罷。兵部尚書杜如晦檢校侍中，總監東宮兵馬事。癸丑，吐谷渾寇岷州，都督李道彥敗之。丁巳，徙封恪爲蜀王，泰越王，祐燕王。庚午，刑部尚書李靖檢校中書令。

二月戊戌，外官上考者給祿。

三月戊申朔，日有食之。壬子，命中書門下五品以上及尚書議決死罪。壬戌，李靖爲關內道行軍大總管，以備薛延陀。己巳，遣使巡關內，出金寶贖饑民鬻子者還之。庚午，以旱蝗責躬，大赦。癸酉，雨。

四月己卯，瘞隋人暴骸。壬寅，朔方人梁洛仁殺梁師都以降。

六月甲申，詔出使官稟食其家。庚寅，以子治生，賜是日生子者粟。辛卯，辰州刺史裴虔通以弒隋煬帝削爵，流驩州。

七月戊申，萊州刺史牛方裕、絳州刺史薛世良、廣州長史唐奉義、虎牙郎將高元禮〔三〕，以宇文化及之黨，皆除名，徙于邊。

八月甲戌，省冤獄于朝堂。辛丑，立二王後廟，置國官。

九月壬子，以有年，賜酺三日。

十月庚辰，杜淹薨。戊子，殺瀛州刺史盧祖尚。

十一月辛酉，有事于南郊。

十二月壬辰，黄門侍郎王珪守侍中。癸巳，禁五品以上過市。

三年正月丙午，以旱避正殿。癸丑，官得上下考者，給祿一年。戊午，享于太廟。癸亥，耕藉田。辛未，裴寂罷。

二月戊寅，房玄齡爲尙書左僕射，杜如晦爲右僕射，尙書右丞魏徵爲祕書監，參預朝政。

三月己酉，慮囚。

四月乙亥，太上皇徙居于大安宮。甲午，始御太極殿。戊戌，賜孝義之家粟五斛，八十以上二斛，九十以上三斛，百歲加絹二匹，婦人正月以來產子者粟一斛。

五月乙丑，周王元方薨。

六月戊寅，以旱慮囚。己卯，大風拔木。壬午，詔文武官言事。

八月己巳朔，日有食之。丁亥，李靖爲定襄道行軍大總管，以伐突厥。

九月丁巳，華州刺史柴紹爲勝州道行軍總管，以伐突厥。

十一月庚申，并州都督李世勣爲通漠道行軍總管，華州刺史柴紹爲金河道行軍總管，任城郡王道宗爲大同道行軍總管，幽州都督衞孝節爲恆安道行軍總管，營州都督薛萬淑爲暢武道行軍總管，以伐突厥。

十二月癸未，杜如晦罷。

閏月癸丑，爲死兵者立浮屠祠。辛酉，慮囚。

是歲，中國人歸自塞外及開四夷爲州縣者百二十餘萬人。

四年正月丁卯朔，日有食之。癸巳，武德殿北院火。

二月己亥，幸温湯。甲辰，李靖及突厥戰于陰山，敗之。丙午，至自温湯。甲寅，大赦，賜酺五日。御史大夫温彥博爲中書令，王珪爲侍中；民部尙書戴冑檢校吏部尙書，參豫朝政；太常卿蕭瑀爲御史大夫，與宰臣參議朝政。丁巳，以旱詔公卿言事。

三月甲午，李靖俘突厥頡利可汗以獻。

四月戊戌，西北君長請上號爲「天可汗」。

六月乙卯，發卒治洛陽宮。

七月甲子朔，日有食之。癸酉，蕭瑀罷。甲戌，太上皇不豫，廢朝。辛卯，疾愈，賜都督刺史文武官及民年八十以上、孝子表門閭者有差。

八月甲寅，李靖爲尙書右僕射。

九月庚午，瘞長城南隋人暴骨。己卯，如隴州。壬午，禁芻牧于古明君、賢臣、烈士之墓者。

十月壬辰，赦岐、隴二州，免今歲租賦，降咸陽、始平、武功死罪以下。辛丑，獵于貴泉谷。甲辰，獵于魚龍川，獻獲于大安宮。乙卯，免武功今歲租賦。

十一月壬戌，右衞大將軍侯君集爲兵部尙書，參議朝政。甲子，至自隴州。戊寅，除鞭背刑。

十二月甲辰，獵于鹿苑。乙巳，至自鹿苑。

是歲，天下斷死罪者二十九人。

五年正月癸酉，獵于昆明池。丙子，至自昆明池，獻獲于大安宮。

二月己酉，封弟元裕爲鄶王，元名譙王，靈夔魏王，元祥許王，元曉密王。庚戌，封子愔爲梁王，貞漢王，惲郯王，治晉王，愼申王，囂江王，簡代王。

四月壬辰，代王簡薨。

五月乙丑，以金帛購隋人沒于突厥者，以還其家。

八月甲辰，遣使高麗，祭隋人戰亡者。戊申，殺大理丞張蘊古。

十一月丙子，有事于南郊。

十二月丁亥，詔：「決死刑，京師五覆奏，諸州三覆奏，其日尙食毋進酒肉。」壬寅，幸温湯。癸卯，獵于驪山，賜新豐高年帛。戊申，至自温湯。癸丑，赦關內。

六年正月乙卯朔，日有食之。癸酉，靜州山獠反，右武衞將軍李子和敗之。三月，侯君集罷。戊辰，如九成宮。丁丑，降雍、岐、豳三州死罪以下，賜民八十以上粟帛。

五月，魏徵檢校侍中。

六月己亥，酆王元亨薨。辛亥，江王囂薨。

七月己巳，詔天下行鄉飲酒。

九月己酉，幸慶善宮。

十月，侯君集起復。乙卯，至自慶善宮。

十二月辛未，慮囚，縱死罪者歸其家。

是歲，諸羌內屬者三十萬人。

七年正月戊子，斥宇文化及黨人之子孫勿齒。辛丑，賜京城酺三日。

二月丁卯，雨土。

三月戊子，王珪罷。庚寅，魏徵爲侍中。

五月癸未，如九成宮。

六月辛亥，戴冑薨。

八月辛未，東西洞獠寇邊，右屯衞大將軍張士貴爲龔州道行軍總管以討之。

九月，縱囚來歸，皆赦之。

十月庚申，至自九成宮。乙丑，京師地震。

十一月壬辰，開府儀同三司長孫无忌爲司空。

十二月甲寅，幸芙蓉園。丙辰，獵于少陵原。戊午，至自少陵原。

八年正月辛丑，張士貴及獠戰，敗之。壬寅，遣使循省天下。

二月乙巳，皇太子加元服。丙午，降死罪以下，賜五品以上子爲父後者爵一級，民酺三日。

三月庚辰，如九成宮。

五月辛未朔，日有食之。

是夏，吐谷渾寇涼州，左驍衞大將軍段志玄爲西海道行軍總管，左驍衞將軍樊興爲赤水道行軍總管，以伐之。

七月，隴右山崩。

八月甲子，有星孛于虛、危。

十月，作永安宮。

十一月辛未，李靖罷。甲子，至自九成宮。己丑，吐谷渾寇涼州，執行人鴻臚丞趙德楷。

十二月辛丑，特進李靖爲西海道行軍大總管，侯君集爲積石道行軍總管，任城郡王道宗爲鄯善道行軍總管，膠東郡公道彥爲赤水道行軍總管，涼州都督李大亮爲且末道行軍總管，利州刺史高甑生爲鹽澤道行軍總管，以伐吐谷渾。丁卯，從太上皇閱武于城西。

九年正月，党項羌叛。

二月，長孫无忌罷。

三月庚辰，洮州羌殺刺史孔長秀，附于吐谷渾。壬午，大赦。乙酉，高甑生及羌人戰，敗之。

閏四月丙寅朔，日有食之。

五月，長孫无忌起復。庚子，太上皇崩，皇太子聽政。壬子，李靖及吐谷渾戰，敗之。

七月庚子，鹽澤道行軍副總管劉德敏及羌人戰，敗之。

十月庚寅，葬太武皇帝于獻陵。

十一月壬戌，特進蕭瑀參豫朝政。

十年正月甲午，復聽政。癸丑，徙封元景爲荆王，元昌漢王，元禮徐王，元嘉韓王，元則彭王，元懿鄭王，元軌霍王，元鳳虢王，元慶道王，靈夔燕王，恪吳王，泰魏王，祐齊王，愔蜀王，惲蔣王，貞越王，愼紀王。

三月癸丑，出諸王爲都督。

六月壬申，温彥博爲尚書右僕射，太常卿楊師道爲侍中。魏徵罷爲特進，知門下省事，參議朝章國典。己卯，皇后崩。

十一月庚寅，葬文德皇后于昭陵。

十二月，蕭瑀罷。庚辰，慮囚。

十一年正月丁亥，徙封元裕爲鄧王，元名舒王。庚子，作飛山宮。乙卯，免雍州今歲租賦。

二月丁巳，營九嵕山爲陵，賜功臣、密戚陪塋地及祕器。甲子，如洛陽宮。乙丑，給民百歲以上侍五人。壬午，獵于鹿臺嶺。

三月丙戌朔，日有食之。癸卯，降洛州囚見徒，免一歲租、調。辛亥，獵于廣成澤。癸丑，如洛陽宮。

六月甲寅，温彥博薨。丁巳，幸明德宮。己未，以諸王爲世封刺史。戊辰，以功臣爲世封刺史。己巳，徙封元祥爲江王。

七月癸未，大雨，水，穀、洛溢。乙未，詔百官言事。壬寅，廢明德宮之玄圃院，賜遭水家。丙午，給亳州老子廟、兗州孔子廟戶各二十以奉享，復涼武昭王近墓戶二十以守衞。

九月丁亥，河溢，壞陝州河北縣，毀河陽中潬，幸白司馬坂觀之，賜瀕河遭水家粟帛。

十月癸丑，賜先朝謀臣武將及親戚亡者塋陪獻陵。

十一月辛卯，如懷州。乙未，獵于濟源麥山。丙午，如洛陽宮。

十二年正月乙未，叢州地震。癸卯，松州地震。

二月癸亥，如河北縣，觀砥柱。甲子，巫州獠反，夔州都督齊善行敗之。乙丑，如陝州。

丁卯，觀鹽池。庚午，如蒲州。甲戌，如長春宮。免朝邑今歲租賦，降囚罪。乙亥，獵于河濱。閏月庚辰朔，日有食之。丙戌，至自長春宮。

七月癸酉，吏部尚書高士廉爲尚書右僕射。

八月壬寅，吐蕃寇松州，侯君集爲當彌道行軍大總管，率三總管兵以伐之。

九月辛亥，闊水道行軍總管牛進達及吐蕃戰于松州，敗之。

十月己卯，獵于始平，賜高年粟帛。乙未，至自始平。鈞州山獠反，桂州都督張寶德敗之。

十一月己巳，明州山獠反，交州都督李道彥敗之。

十二月辛巳，壁州山獠反，右武候將軍上官懷仁討之。

是歲，滁、豪二州野蠶成繭。

十三年正月乙巳，拜獻陵，赦三原及行從，免縣人今歲租賦，賜宿衞陵邑郎將、三原令爵一級。丁未，至自獻陵。

二月庚子，停世封刺史。

三月乙丑，有星孛于畢、昴。

四月戊寅，如九成宮。甲申，中郎將阿史那結社率反，伏誅。壬寅，雲陽石然。

五月甲寅，以旱避正殿，詔五品以上言事，減膳，罷役，理囚，賑乏，乃雨。

六月丙申，封弟元嬰爲滕王。

八月辛未朔，日有食之。

十月甲申，至自九成宮。

十一月辛亥，楊師道爲中書令。戊辰，尙書左丞劉洎爲黃門侍郎，參知政事。

十二月壬申，侯君集爲交河道行軍大總管，以伐高昌。乙亥，封子福爲趙王。壬辰，獵于咸陽。癸巳，至自咸陽。

是歲，滁州野蠶成繭。

十四年正月庚子，有司讀時令。甲寅，幸魏王泰第，赦雍州長安縣，免延康里今歲租賦。

二月丁丑，觀釋奠于國學，赦大理、萬年縣，賜學官高第生帛。壬午，幸溫湯。辛卯，至自溫湯。乙未，求梁皇侃褚仲都、周熊安生沈重、陳沈文阿周弘正張譏、隋何妥劉焯劉炫之後。

三月，羅、竇二州獠反，廣州總管党仁弘敗之。

五月壬寅，徙封靈夔爲魯王。
六月，滁州野蠶成繭。乙酉，大風拔木。
八月庚午，作襄城宮。癸酉，侯君集克高昌。
九月癸卯，赦高昌部及士卒父子犯死、期犯流、大功犯徒、小功緦麻犯杖，皆原之。
閏十月乙未，如同州。甲辰，獵于堯山。庚戌，至自同州。
十一月甲子，有事于南郊。
十二月丁酉，侯君集俘高昌王以獻，賜酺三日。癸卯，獵于樊川。乙巳，至自樊川。
十五年正月辛巳，如洛陽宮，次溫湯。衞士崔卿、刁文懿謀反，伏誅。
三月戊辰，如襄城宮。
四月辛卯，詔以來歲二月有事于泰山。乙未，免洛州今歲租，遷戶故給復者加給一年，賜民八十以上物，惸獨鰥寡疾病不能自存者米二斛。慮囚。
六月己酉，有星孛于太微。丙辰，停封泰山，避正殿，減膳。
七月丙寅，宥周、隋名臣及忠烈子孫貞觀以後流配者。
十月辛卯，獵于伊闕。壬辰，如洛陽宮。

十一月癸酉，薛延陀寇邊，兵部尚書李世勣爲朔州道行軍總管，右衞大將軍李大亮爲靈州道行軍總管，涼州都督李襲譽爲涼州道行軍總管，以伐之。十二月戊子，至自洛陽宮。庚子，命三品以上嫡子事東宮。辛丑，慮囚。甲辰，李世勣及薛延陀戰于諾眞水，敗之。乙巳，贈戰亡將士官三轉。

十六年正月乙丑，遣使安撫西州。戊辰，募戍西州者，前犯流死亡匿，聽自首以應募。辛未，徙天下死罪囚實西州。中書舍人岑文本爲中書侍郎，專典機密。六月戊戌，太白晝見。七月戊午，長孫无忌爲司徒，房玄齡爲司空。十一月丙辰，獵于武功。壬戌，獵于岐山之陽。甲子，賜所過六縣高年孤疾氈衾粟帛，遂幸慶善宮。庚午，至自慶善宮。十二月癸卯，幸温湯。甲辰，獵于驪山。乙巳，至自温湯。

十七年正月戊辰，魏徵薨。代州都督劉蘭謀反，伏誅。二月己亥，慮囚。戊申，圖功臣于凌煙閣。

三月壬子，禁從終違令式者。丙辰，齊王祐反，李世勣討之。甲子，以旱遣使覆囚決獄。乙丑，齊王祐伏誅，給復齊州一年。

四月乙酉，廢皇太子爲庶人，漢王元昌、侯君集等伏誅。丙戌，立晉王治爲皇太子，大赦，賜文武官及五品以上子爲父後者爵一級，民八十以上粟帛，酺三日。丁亥，楊師道罷。己丑，特進蕭瑀爲太子太保，李世勣爲太子詹事：同中書門下三品。庚寅，謝承乾之過于太廟。癸巳，降封魏王泰爲東萊郡王。

六月己卯朔，日有食之。壬辰，葬隋恭帝。甲午，以旱避正殿，減膳，詔京官五品以上言事。七月丁酉，高士廉同中書門下三品，平章政事。

閏月丁巳，詔皇太子典左右屯營兵。丙子，徙封泰爲順陽郡王。

七月丁酉，房玄齡罷。

八月庚戌，工部尙書張亮爲刑部尙書，參豫朝政。

十月丁未，建諸州邸于京城。丁巳，房玄齡起復。

十一月己卯，有事于南郊。壬午，賜酺三日，以涼州獲瑞石，赦涼州。

十二月庚申，幸溫湯。庚午，至自溫湯。

十八年正月乙未，如鍾官城。庚子，如鄠。壬寅，幸溫湯。

二月己酉，如零口。乙卯，至自零口。丁巳，給復突厥、高昌部人隸諸州者二年。

四月辛亥，如九成宮。

七月甲午，營州都督張儉率幽、營兵及契丹、奚以伐高麗。

八月壬子，安西都護郭孝恪爲西州道行軍總管，以伐焉耆。甲子，至自九成宮。丁卯，劉洎爲侍中，岑文本爲中書令，中書侍郎馬周守中書令。

九月，黃門侍郎褚遂良參豫朝政。辛卯，郭孝恪及焉耆戰，敗之。

十月辛丑朔，日有食之。癸卯，宴雍州父老于上林苑，賜粟帛。甲寅，如洛陽宮。己巳，獵于天池。

十一月戊寅，慮囚。庚辰，遣使巡問鄭、汝、懷、澤四州高年，宴賜之。甲午，張亮爲平壤道行軍大總管，李世勣、馬周爲遼東道行軍大總管，率十六總管兵以伐高麗。

十二月壬寅，庶人承乾卒。戊午，李思摩部落叛。

十九年二月庚戌，如洛陽宮，以伐高麗。癸丑，射虎于武德北山。乙卯，皇太子監國于定州。丁巳，賜所過高年鰥寡粟帛，贈比干太師，謚忠烈。

三月壬辰，長孫无忌攝侍中，吏部尚書楊師道攝中書令。

四月癸卯，誓師于幽州，大饗軍。丁未，岑文本薨。癸亥，李世勣克蓋牟城。

五月己巳，平壤道行軍總管程名振克沙卑城。庚午，次遼澤，瘞隋人戰亡者。乙亥，遼東道行軍總管張君乂有罪，伏誅。丁丑，軍于馬首山。甲申，克遼東城。

六月丁酉，克白巖城。己未，大敗高麗于安市城東南山，左武衞將軍王君愕死之。辛酉，賜酺三日。

七月壬申，葬死事官，加爵四級，以一子襲。

九月癸未，班師。

十月丙午，次營州，以太牢祭死事者。丙辰，皇太子迎謁于臨渝關。戊午，次漢武臺，刻石紀功。

十一月癸酉，大饗軍于幽州。庚辰，次易州。癸未，平壤道行軍總管張文幹有罪，伏誅。丙戌，次定州。丁亥，貶楊師道爲工部尚書。

十二月戊申，次并州。己未，薛延陀寇夏州，左領軍大將軍執失思力敗之。庚申，殺劉洎。

二十年正月辛未，夏州都督喬師望及薛延陀戰，敗之。丁丑，遣使二十二人，以六條黜陟于天下。庚辰，赦并州，起義時編戶給復三年，後附者一年。

二月甲午，從伐高麗無功者，皆賜勳一轉。庚申，賜所過高年鰥寡粟。

三月己巳，至自高麗。庚午，不豫，皇太子聽政。己丑，張亮謀反，伏誅。

閏月癸巳朔，日有食之。

六月乙亥，江夏郡王道宗、李世勣伐薛延陀。

七月辛亥，疾愈。李世勣及薛延陀戰，敗之。

八月甲子，封孫忠爲陳王。己巳，如靈州。庚辰，次涇州，賜高年鰥寡粟帛。丙戌，踰隴山關，次瓦亭，觀馬牧。丁亥，許陪陵者子孫從葬。

九月辛卯，遣使巡察嶺南。甲辰，鐵勒諸部請上號爲「可汗」。辛亥，靈州地震。

十月，貶蕭瑀爲商州刺史。丙戌，至自靈州。

十一月己丑，詔：「祭祀、表疏、藩客、兵馬、宿衞行魚契給驛，授五品以上官及除解，決死罪，皆以聞，餘委皇太子。」

二十一年正月壬辰，高士廉薨。丁酉，詔以來歲二月有事于泰山。甲寅，以鐵勒諸部爲州縣，賜京師酺三日。慮囚，降死罪以下。

二月丁丑，皇太子釋菜于太學。

三月戊子，左武衞大將軍牛進達爲青丘道行軍大總管，李世勣爲遼東道行軍大總管，率三總管兵以伐高麗。

四月乙丑，作翠微宮。

五月戊子，幸翠微宮。壬辰，命百司決事于皇太子。庚戌，李世勣克南蘇、木底城。

六月丁丑，遣使鐵勒諸部購中國人陷沒者。

七月乙未，牛進達克石城。丙申，作玉華宮。庚戌，至自翠微宮。

八月，泉州海溢。壬戌，停封泰山。

九月丁酉，封子明爲曹王。

十月癸丑，褚遂良罷。

十一月癸卯，進封泰爲濮王。

十二月戊寅，左驍衞大將軍契苾何力爲崑丘道行軍大總管，率三總管兵以伐龜茲。

二十二年正月庚寅，馬周薨。戊戌，幸温湯。己亥，中書舍人崔仁師爲中書侍郎，參知機務。丙午，左武衞大將軍薛萬徹爲青丘道行軍大總管，以伐高麗。長孫无忌檢校中書令，知尚書、門下省事。戊申，至自温湯。

二月，褚遂良起復。乙卯，見京城父老，勞之，蠲今歲半租，畿縣三之一。丁卯，詔度遼水有功未酬勳而犯罪者與成官同。乙亥，幸玉華宮。己卯，獵于華原。流崔仁師于連州。

三月丁亥，赦宜君，給復縣人自玉華宮苑中遷者三年。

四月丁巳，松州蠻叛，右武候將軍梁建方敗之。

六月丙寅，張行成存問河北從軍者家，令州縣爲營農。丙子，薛萬徹及高麗戰于泊灼城，敗之。

七月甲申，太白晝見。壬辰，殺華州刺史李君羨。癸卯，房玄齡薨。

八月己酉朔，日有食之。辛未，執失思力伐薛延陀餘部于金山。

九月庚辰，崑丘道行軍總管阿史那社爾及薛延陀餘部處月、處蜜戰，敗之。己亥，褚遂良爲中書令。壬寅，眉、邛、雅三州獠反，茂州都督張士貴討之。

十月癸丑，至自玉華宮。己巳，阿史那社爾及龜茲戰，敗之。

十二月辛未，降長安、萬年徒罪以下。

閏月癸巳，慮囚。

二十三年正月辛亥，阿史那社爾俘龜茲王以獻。

三月己未，自冬旱，至是雨。辛酉，大赦。丁卯，不豫，命皇太子聽政于金液門。

四月己亥，幸翠微宮。

五月戊午，貶李世勣爲疊州都督。己巳，皇帝崩于含風殿，年五十三。庚午，奉大行御馬輿還京師。禮部尚書于志寧爲侍中，太子少詹事張行成兼侍中，高季輔兼中書令。壬申，發喪，謚曰文。上元元年，改謚文武聖皇帝；天寶八載，謚文武大聖皇帝；十三載，增謚文武大聖大廣孝皇帝。

贊曰：甚矣，至治之君不世出也！禹有天下，傳十有六王，而少康有中興之業。湯有天下，傳二十八王，而其甚盛者，號稱三宗。武王有天下，傳三十六王，而成、康之治與宣之功，其餘無所稱焉。雖詩、書所載，時有闕略，然三代千有七百餘年，傳七十餘君，其卓然著見於後世者，此六七君而已。嗚呼，可謂難得也！唐有天下，傳世二十，其可稱者三君，玄宗、憲宗皆不克其終，盛哉，太宗之烈也！其除隋之亂，比迹湯、武；致治之美，庶幾成、康。自古功德兼隆，由漢以來未之有也。至其牽於多愛，復立浮圖，好大喜功，勤兵於遠，此中材庸主之所常爲。然春秋之法，常責備於賢者，是以後世君子之欲成人之美者，莫不歎息於斯焉。

校勘記

〔一〕宋金剛陷澮州　「澮州」，各本原作「滄州」，本書卷八六劉武周傳、舊書卷二太宗紀及通鑑卷一八七均作「澮州」，據改。

〔二〕高元禮　隋書卷四煬帝紀、册府元龜（下簡稱册府）卷一五二、通鑑卷一八五、一九二均作「元禮」。

唐書卷三

本紀第三

高宗

高宗天皇大聖大弘孝皇帝諱治，字爲善，太宗第九子也。母曰文德皇后長孫氏。始封晉王，貞觀七年，遙領并州都督。十七年，太子承乾廢，而魏王泰次當立，亦以罪黜，乃立子治爲皇太子。太宗嘗命皇太子遊觀習射，太子辭以非所好，願得奉至尊，居膝下。太宗大喜，乃營寢殿側爲別院，使太子居之。太宗每視朝，皇太子常侍，觀決庶政。

二十三年，太宗有疾，詔皇太子聽政於金液門。四月，從幸翠微宮。太宗崩，以羽檄發六府甲士四千，衞皇太子入于京師。六月甲戌，卽皇帝位于柩前。大赦，賜文武官勳一轉，民八十以上粟帛，給復雍州及比歲供軍所一年。癸未，長孫无忌爲太尉。癸巳，檢校洛州刺史李勣爲開府儀同三司，參掌機密。

八月癸酉，河東地震。乙亥，又震。庚辰，遣使存問河東，給復二年，賜壓死者人絹三匹。庚寅，葬文皇帝于昭陵。

九月甲寅，荆王元景爲司徒，吳王恪爲司空。乙卯，李勣爲尚書左僕射、同中書門下三品。

十一月乙丑，晉州地震。左翊衞郎將高偘伐突厥。

是冬，無雪。

永徽元年正月辛丑，改元。丙午，立妃王氏爲皇后。張行成爲侍中。

二月辛卯，封子孝爲許王，上金杞王，素節雍王。

四月己巳，晉州地震。

五月己未，太白晝見。

六月，高偘及突厥戰于金山，敗之。庚辰，晉州地震，詔五品以上言事。

七月辛酉，以旱慮囚。

八月戊辰，給五品以上解官充侍者半祿，加賜帛。庚午，降死罪以下。

九月癸卯，高偘俘突厥車鼻可汗以獻。

十月戊辰，李勣罷左僕射。

十一月己未，貶褚遂良爲同州刺史。

十二月庚午，琰州獠寇邊，梓州都督謝萬歲死之。

二年正月戊戌，開義倉以賑民。乙巳，黃門侍郎宇文節、中書侍郎柳奭同中書門下三品。

乙卯，瑤池都督阿史那賀魯叛。

四月乙丑，命有司毋進肉食，訖于五月。

七月丁未，賀魯寇庭州，左武衞大將軍梁建方、右驍衞大將軍契苾何力爲弓月道行軍總管以伐之。

八月己巳，高季輔爲侍中；于志寧爲尙書左僕射，張行成爲右僕射，同中書門下三品。

己卯，白水蠻寇邊，左領軍將軍趙孝祖爲郎州道行軍總管以伐之。

九月癸卯，以同州苦泉牧地賜貧民。

十月辛卯，晉州地震。

十一月辛酉，有事于南郊。癸酉，禁進犬馬鷹鶻。戊寅，忻州地震。甲申，雨木冰。是月，竇州、義州蠻寇邊，桂州都督劉伯英敗之。趙孝祖及白水蠻戰于羅仵候山，敗之。

十二月乙未，太白晝見。壬子，處月朱邪孤注殺招慰使單道惠，叛附于賀魯。

是冬，無雪。

三年正月癸亥，梁建方及處月戰于牢山，敗之。甲子，以旱避正殿，減膳，降囚罪，徒以下原之。己巳，褚遂良爲吏部尙書、同中書門下三品。丙子，享于太廟。丁亥，耕耤田。

三月辛巳，雨土。宇文節爲侍中，柳奭守中書令。

四月庚寅，趙孝祖及白水蠻戰，敗之。甲午，彭王元則薨。是月，兵部侍郎韓瑗爲黃門侍郎、同中書門下三品。

五月庚申，求齊侍中崔季舒、給事黃門侍郎裴澤、隋儀同三司豆盧毓、御史中丞游楚客子孫官之。

七月丁巳，立陳王忠爲皇太子，大赦，賜五品以上子爲父後者勳一轉，民酺三日。

九月丙辰，求周司沐大夫裴融、尙書左丞封孝琰子孫官之。是月，中書侍郎來濟同中書門下三品。

十二月癸巳，濮王泰薨。

四年二月甲申，駙馬都尉房遺愛、薛萬徹、柴令武、高陽巴陵公主謀反，伏誅；殺荆王元景、吳王恪。乙酉，流宇文節于桂州。戊子，廢蜀王愔爲庶人。己亥，徐王元禮爲司徒，李勣爲司空。

四月壬寅，以旱慮囚，遣使決天下獄，減殿中、太僕馬粟，詔文武官言事。甲辰，避正殿，減膳。

六月己丑，太白晝見。

八月己亥，隕石于馮翊十有八。

九月壬戌，張行成薨。甲戌，褚遂良爲尚書右僕射。

十月庚子，幸溫湯。甲辰，赦新豐。乙巳，至自溫湯。戊申，睦州女子陳碩眞反，婺州刺史崔義玄討之。

十一月庚戌，陳碩眞伏誅。癸丑，兵部尚書崔敦禮爲侍中。丁巳，柳奭爲中書令。

十二月庚子，高季輔薨。

五年正月丙寅，以旱詔文武官、朝集使言事。

三月戊午，如萬年宮。乙丑，次鳳泉湯。辛未，赦岐州及所過徒罪以下。

六月癸亥，柳奭罷。丙寅，河北大水，遣使慮囚。

八月己未，詔免麟游、岐陽今歲課役，岐州及供頓縣半歲。

九月丁酉，至自萬年宮。

十月癸卯，築京師羅郭，起觀于九門。

六年正月壬申，拜昭陵，赦醴泉及行從，免縣今歲租、調，陵所宿衞進爵一級，令、丞加一階。癸酉，以少牢祭陪葬者。甲戌，至自昭陵。庚寅，封子弘爲代王，賢潞王。

二月乙巳，皇太子加元服，降死罪以下，賜酺三日，五品以上爲父後者勳一轉。乙丑，營州都督程名振、左衞中郎將蘇定方伐高麗。

五月壬午，及高麗戰于貴端水，敗之。癸未，左屯衞大將軍程知節爲葱山道行軍大總管，以伐賀魯。壬辰，韓瑗爲侍中，來濟爲中書令。

七月乙酉，崔敦禮爲中書令。是月，中書舍人李義府爲中書侍郎，參知政事。

九月庚午，貶褚遂良爲潭州都督。乙酉，洛水溢。

十月，齊州黃河溢。己酉，廢皇后爲庶人。乙卯，立宸妃武氏爲皇后。丁巳，大赦，賜民八十以上粟帛。

十一月己巳，皇后見于太廟。戊子，停諸州貢珠。癸巳，詔禁吏酷法及爲隱名書者。

是冬，皇后殺王庶人。

顯慶元年正月辛未，廢皇太子爲梁王，立代王弘爲皇太子。壬申，大赦，改元，賜五品以上子爲父後者勳一轉，民酺三日，八十以上粟帛。丙戌，禁胡人爲幻戲者。甲午，放宮人。

三月辛巳，皇后親蠶。丙戌，戶部侍郎杜正倫爲黃門侍郎、同中書門下三品。

四月壬寅，詔五品以上老疾不以罪者同致仕。壬子，矩州人謝無零反，伏誅。

七月癸未，崔敦禮爲太子少師、同中書門下三品。

八月丙申，崔敦禮薨。辛丑，程知節及賀魯部歌邏祿、處月戰于榆慕谷，敗之。

九月庚辰，括州海盜。癸未，程知節及賀魯戰于怛篤城，敗之。

十一月乙丑，以子顯生，賜京官、朝集使勳一轉。自八月霜且雨至於是月。

是歲，龜兹大將羯獵顚附于賀魯，左屯衞大將軍楊胄伐之。

二年閏正月壬寅，如洛陽宮。庚戌，右屯衞將軍蘇定方爲伊麗道行軍總管，以伐賀魯。

二月癸亥，降洛州囚罪，徒以下原之，免民一歲租、調，賜百歲以上氈衾粟帛。庚午，封子顯爲周王。壬申，徙封素節爲郇王。
三月戊申，禁舅姑拜公主，父母拜王妃。癸丑，李義府兼中書令。
五月丙申，幸明德宮。
七月丁亥，如洛陽宮。
八月丁卯，貶韓瑗爲振州刺史，來濟爲台州刺史。辛未，衞尉卿許敬宗爲侍中。
九月庚寅，杜正倫兼中書令。
十一月戊戌，如許州。甲辰，遣使慮所過州縣囚。乙巳，獵于滍南。壬子，講武于新鄭，赦鄭州，免一歲租賦，賜八十以上粟帛，其嘗事高祖任佐史者以名聞。
十二月乙卯，如洛陽宮。丁巳，蘇定方敗賀魯于金牙山，執之。丁卯，以洛陽宮爲東都。
三年正月戊申，楊胄及龜茲羯獵顚戰于泥師城，敗之。
二月甲戌，至自東都。戊寅，慮囚。
六月壬子，程名振及高麗戰于赤烽鎭，敗之。

十一月乙酉，貶杜正倫爲横州刺史，李義府普州刺史。戊子，許敬宗權檢校中書令。甲午，蘇定方俘賀魯以獻。戊戌，許敬宗爲中書令，大理卿辛茂將兼侍中。

四年三月壬午，崑陵都護阿史那彌射及西突厥眞珠葉護戰于雙河，敗之。

四月丙辰，于志寧爲太子太師、同中書門下三品。乙丑，黄門侍郎許圉師同中書門下三品。戊辰，流長孫无忌于黔州。于志寧罷。

五月己卯，許圉師爲中書侍郎、同中書門下三品。丙申，兵部尚書任雅相、度支尚書盧承慶參知政事。戊戌，殺涼州都督長史趙持滿。

七月己丑，以旱避正殿。壬辰，慮囚。

八月壬子，李義府爲吏部尚書、同中書門下三品。

十月丙午，皇太子加元服，大赦，賜五品以上子孫爲父祖後者勳一轉，民酺三日。

閏月戊寅，如東都，皇太子監國。辛巳，詔所過供頓免今歲租賦之半，賜民八十以上氈衾粟帛。

十一月丙午，許圉師爲左散騎常侍、檢校侍中。戊午，辛茂將薨。癸亥，賀魯部悉結闕俟斤都曼寇邊，左驍衞大將軍蘇定方爲安撫大使以伐之。盧承慶同中書門下三品。

五年正月癸卯，蘇定方俘都曼以獻。甲子，如幷州。己巳，次長平，賜父老布帛。二月丙戌，赦幷州及所過州縣，義旗初嘗任五品以上葬幷州者祭之，加佐命功臣食別封者子孫二階，大將軍府僚佐存者一階，民年八十以上版授刺史、縣令，賜酺三日。甲午，祠舊宅。

三月丙午，皇后宴親族鄰里于朝堂，會命婦于內殿。賜從官五品以上、幷州長史司馬勳一轉。婦人八十以上版授郡君，賜氈衾粟帛。己酉，講武于城西。辛亥，左武衞大將軍蘇定方爲神兵道行軍大總管，新羅王金春秋爲嵎夷道行軍總管，率三將軍及新羅兵以伐百濟。

四月癸巳，如東都。

五月辛丑，作八關宮。戊辰，定襄都督阿史德樞賓爲沙磚道行軍總管，以伐契丹。

六月庚午朔，日有食之。

七月乙巳，廢梁王忠爲庶人。丁卯，盧承慶罷。

八月庚辰，蘇定方及百濟戰，敗之。壬午，左武衞大將軍鄭仁泰及悉結、拔也固、僕骨、同羅戰，敗之。癸未，赦神兵道大總管以下軍士及其家，賜民酺三日。

十一月戊戌，蘇定方俘百濟王以獻。甲寅，如許州。

十二月辛未，獵于安樂川。己卯，如東都。壬午，左驍衞大將軍契苾何力爲浿江道行軍大總管，蘇定方爲遼東道行軍大總管，左驍衞將軍劉伯英爲平壤道行軍大總管，以伐高麗阿史德樞賓及奚、契丹戰，敗之。

龍朔元年正月戊午，鴻臚卿蕭嗣業爲扶餘道行軍總管，以伐高麗。

二月乙未，改元，赦洛州。

四月庚辰，任雅相爲浿江道行軍總管，契苾何力爲遼東道行軍總管，蘇定方爲平壤道行軍總管，蕭嗣業爲扶餘道行軍總管，右驍衞將軍程名振爲鏤方道行軍總管，左驍衞將軍龐孝泰爲沃沮道行軍總管，率三十五軍以伐高麗。甲午晦，日有食之。

六月辛巳，太白經天。

八月甲戌，蘇定方及高麗戰于浿江，敗之。

九月癸卯，及皇后幸李勣、許圉師第。壬子，徙封賢爲沛王。

十月丁卯，獵于陸渾。戊辰，獵于非山。癸酉，如東都。鄭仁泰爲鐵勒道行軍大總管，蕭嗣業爲仙㟧道行軍大總管，左驍衞大將軍阿史那忠爲長岑道行軍大總管，以伐鐵勒。

二年二月甲子，大易官名。甲戌，任雅相薨。戊寅，龐孝泰及高麗戰于蛇水，死之。

三月庚寅，鄭仁泰及鐵勒戰于天山，敗之。乙巳，如河北縣。辛亥，如蒲州。癸丑，如同州。

四月庚申，至自同州。辛巳，作蓬萊宮。

六月癸亥，禁宗戚獻纂組雕鏤。

七月戊子，以子旭輪生滿月，大赦，賜酺三日。右威衞將軍孫仁師爲熊津道行軍總管，以伐百濟。戊戌，李義府罷。

八月壬寅，許敬宗爲太子少師、同東西臺三品。

九月丁丑，李義府起復。

十月丁酉，幸温湯，皇太子監國。丁未，至自温湯。庚戌，西臺侍郎上官儀同東西臺三品。

十一月辛未，貶許圉師爲虔州刺史。癸酉，封子旭輪爲殷王。

是歲，右衞將軍蘇海政爲𩗗海道行軍總管，以伐龜茲。海政殺崑陵都護阿史那彌射〔一〕。

三年正月乙丑，李義府爲右相。

二月，減百官一月俸，賦雍、同等十五州民錢，以作蓬萊宮。乙亥，殺駙馬都尉韋正矩。庚戌，慮囚。

四月戊子，流李義府于巂州。

五月壬午，柳州蠻叛，冀州都督長史劉伯英以嶺南兵伐之。

六月，吐蕃攻吐谷渾，涼州都督鄭仁泰爲青海道行軍大總管以救之。

八月癸卯，有彗星出于左攝提。戊申，詔百寮言事。遣按察大使于十道。

九月戊午，孫仁師及百濟戰于白江，敗之。

十月辛巳，詔皇太子五日一至光順門，監諸司奏事，小事決之。

十一月甲戌，雨木冰。

十二月庚子，改明年爲麟德元年，降京師、雍州諸縣死罪以下。壬寅，安西都護高賢爲行軍總管，以伐弓月。

麟德元年二月戊子，如福昌宮。癸卯，如萬年宮。

四月壬午，道王元慶薨。

五月戊申，許王孝薨。丙寅，以旱避正殿。

七月丁未，詔以三年正月有事于泰山。

八月己卯，幸舊第，降萬年縣死罪以下。壬午，至自萬年宮。丁亥，司列太常伯劉祥道兼右相，大司憲竇德玄爲司元太常伯、檢校左相。

十二月丙戌，殺上官儀。戊子，殺庶人忠。劉祥道罷。太子右中護樂彥瑋、西臺侍郎孫處約同知軍國政事。

是冬，無雪。

二年二月壬午，如東都。

三月甲寅，司戎太常伯姜恪同東西臺三品。戊午，遣使慮京都諸司及雍、洛二州囚。

閏月癸酉，日有食之。

是春，疏勒、弓月、吐蕃攻于闐，西州都督崔智辯、左武衞將軍曹繼叔救之。

四月丙午，赦桂、廣、黔三都督府。丙寅，講武于邙山之陽。戊辰，左侍極陸敦信檢校右相，孫處約、樂彥瑋罷。

七月己丑，鄧王元裕薨。

十月壬戌，帶方州刺史劉仁軌爲大司憲兼知政事。丁卯，如泰山。大有年。

乾封元年正月戊辰，封于泰山。庚午，禪于社首，以皇后爲亞獻。壬申，大赦，改元。賜文武官階、勳、爵。民年八十以上版授下州刺史、司馬、縣令，婦人郡、縣君；七十以上至八十，賜古爵一級。民酺七日，女子百戶牛酒。免所過今年租賦，給復齊州一年半、兗州二年。辛卯，幸曲阜，祠孔子，贈太師。

二月己未，如亳州，祠老子，追號太上玄元皇帝，縣人宗姓給復一年。

四月甲辰，至自亳州。庚戌，陸敦信罷。

六月壬寅，高麗泉男生請內附，右驍衞大將軍契苾何力爲遼東安撫大使，率兵援之。左金吾衞將軍龐同善、營州都督高侃爲遼東道行軍總管，左武衞將軍薛仁貴、左監門衞將軍李謹行爲後援。

七月乙丑，徙封旭輪爲豫王。庚午，劉仁軌兼右相。

八月辛丑，竇德玄薨。丁未，殺始州刺史武惟良、淄州刺史武懷運。

九月，龐同善及高麗戰，敗之。

十二月己酉，李勣爲遼東道行臺大總管，率六總管兵以伐高麗。

二年正月丁丑，以旱避正殿，減膳，慮囚。

二月丁酉，涪陵郡王愔薨。辛丑，禁工商乘馬。

六月乙卯，西臺侍郎楊武、戴至德、東臺侍郎李安期、司列少常伯趙仁本同東西臺三品。東臺舍人張文瓘參知政事。

七月己卯，以旱避正殿，減膳，遣使慮囚。

八月己丑朔，日有食之。辛亥，李安期罷。

九月庚申，以餌藥，皇太子監國。辛未，李勣及高麗戰于新城，敗之。

是歲，嶺南洞獠陷瓊州。

總章元年正月壬子，劉仁軌爲遼東道副大總管兼安撫大使、浿江道行軍總管。

二月丁巳，皇太子釋奠于國學。戊寅，如九成宮。壬午，李勣敗高麗，克扶餘、南蘇、木底、蒼巖城。

三月庚寅，大赦，改元。

四月乙卯，贈顏回太子少師，曾參太子少保。丙辰，有彗星出于五車，避正殿，減膳，撤樂，詔內外官言事。庚申，以太原元從西府功臣爲二等：第一功後官無五品者，授其子若孫一人，有至四品五品者加二階，有三品以上加爵三等；第二功後官無五品者，授其子若孫從六品一人，有至五品者加一階，六品者二階，三品以上爵一等。辛巳，楊武薨。

八月癸酉，至自九成宮。

九月癸巳，李勣敗高麗王高藏，執之。

十二月丁巳，俘高藏以獻。丁卯，有事于南郊。甲戌，姜恪檢校左相，司平太常伯閻立本守右相。

二年二月辛酉，右肅機李敬玄爲西臺侍郎，張文瓘爲東臺侍郎：同東西臺三品。

三月丙戌，東臺侍郎郝處俊同東西臺三品。癸巳，皇后親蠶。

四月己酉，如九成宮。

六月戊申朔，日有食之。

七月癸巳，左衞大將軍契苾何力爲烏海道行軍大總管，以援吐谷渾。

九月庚寅，括州海溢。壬寅，如岐州。乙巳，赦岐州，賜高年粟帛。十月丁巳，至自岐州。

十一月丁亥，徙封旭輪爲冀王，改名輪。

十二月戊申，李勣薨。

是冬，無雪。

咸亨元年正月丁丑，劉仁軌罷。

二月戊申，慮囚。丁巳，東南有聲若雷。

三月甲戌，大赦，改元。壬辰，許敬宗罷。

四月癸卯，吐蕃陷龜茲撥換城。廢安西四鎮。己酉，李敬玄罷。辛亥，右威衞大將軍薛仁貴爲邏娑道行軍大總管，以伐吐蕃。庚午，如九成宮。雍州大雨雹。高麗酋長鉗牟岑叛，寇邊，左監門衞大將軍高侃爲東州道行軍總管，右領軍衞大將軍李謹行爲燕山道行軍總管，以伐之。

六月壬寅朔，日有食之。

七月甲戌，以雍、華、蒲、同四州旱，遣使慮囚，減中御諸廄馬。戊子，李敬玄起復。薛仁貴及吐蕃戰于大非川，敗績。

八月庚戌，以穀貴禁酒。丁巳，至自九成宮。甲子，趙王福薨。丙寅，以旱避正殿，減膳。

九月丁丑，給復雍、華、同、岐、邠、隴六州一年。

閏月癸卯，皇后以旱請避位。甲寅，姜恪爲涼州道行軍大總管，以伐吐蕃。

十月庚辰，詔文武官言事。乙未，趙仁本罷。

十二月庚寅，復官名。

是歲，大饑。

二年正月乙巳，如東都，皇太子監國。

二月辛未，遣使存問諸州。

四月戊子，大風，雨雹。

六月癸巳，以旱慮囚。

九月，地震。丙申，徐王元禮薨。

十月丙子，求明禮樂之士。

十一月甲午朔，日有食之。庚戌，如許州，遣使存問所過疾老鰥寡，慮囚。

十二月癸酉，獵于昆陽。丙戌，如東都。

是歲，姜恪爲侍中，閻立本爲中書令。

三年正月辛丑，姚州蠻寇邊，太子右衞副率梁積壽爲姚州道行軍總管以伐之。二月己卯，姜恪薨。四月壬申，校旗于洛水之陰。九月癸卯，徙封賢爲雍王。十月己未，皇太子監國。十一月戊子朔，日有食之。甲辰，至自東都。十二月，金紫光祿大夫致仕劉仁軌爲太子左庶子、同中書門下三品。

四年正月丙辰，鄭王元懿薨。四月丙子，如九成宮。閏五月丁卯，禁作簺捕魚、營圈取獸者。八月辛丑，以不豫詔皇太子聽諸司啓事。己酉，大風落太廟鴟尾。十月壬午，閻立本薨。乙未，以皇太子納妃，赦岐州，賜酺三日。乙巳，至自九成宮。

上元元年二月壬午，劉仁軌爲雞林道行軍大總管，以伐新羅。

三月辛亥朔，日有食之。己巳，皇后親蠶。

八月壬辰，皇帝稱天皇，皇后稱天后。追尊六代祖宣簡公爲宣皇帝，妣張氏曰宣莊皇后；五代祖懿王爲光皇帝，妣賈氏曰光懿皇后。增高祖、太宗及后謚。大赦，改元，賜酺三日。

十一月丙午，如東都。己酉，獵于華山曲武原。

十二月癸未，蔣王惲自殺。

二年正月己未，給復雍、同、華、岐、隴五州一年。辛未，吐蕃請和。

二月，劉仁軌及新羅戰于七重城，敗之。

三月丁巳，天后親蠶。

四月辛巳，天后殺周王顯妃趙氏。丙戌，以旱避正殿，減膳，撤樂，詔百官言事。己亥，天后殺皇太子。

五月戊申，追號皇太子爲孝敬皇帝。

六月戊寅，立雍王賢爲皇太子，大赦。七月辛亥，杞王上金免官，削封邑。八月庚寅，葬孝敬皇帝于恭陵。丁酉，詔婦人爲宫官者歲一見其親。庚子，張文瓘爲侍中，郝處俊爲中書令，劉仁軌爲尚書左僕射，戴至德爲右僕射。十月庚辰，雍州雨雹。壬午，有彗星出于角、亢。

儀鳳元年正月壬戌，徙封輪爲相王。丁卯，納州獠寇邊。二月丁亥，如汝州温湯，遣使慮免汝州輕繫。三月癸卯，黄門侍郎來恆、中書侍郎薛元超同中書門下三品。甲辰，如東都，免汝州今歲半租，賜民八十以上帛。閏月己巳，吐蕃寇鄯、廓、河、芳四州，左監門衞中郎將令狐智通伐之。乙酉，周王顯爲洮河道行軍元帥，領左衞大將軍劉審禮等十二總管，相王輪爲涼州道行軍元帥，領契苾何力等軍，以伐吐蕃。四月戊申，至自東都。甲寅，中書侍郎李義琰同中書門下三品。戊午，如九成宫。六月癸亥，黄門侍郎高智周同中書門下三品。

七月丁亥，有彗星出于東井。乙未，吐蕃寇疊州。
八月庚子，避正殿，減膳，撤樂，損食粟馬，慮囚，詔文武官言事。甲子，停南北中尚、梨園、作坊，減少府雜匠。是月，青州海溢。
十月乙未，至自九成宮。丙午，降封郇王素節鄱陽郡王。
十一月壬申，大赦，改元。庚寅，李敬玄爲中書令。
十二月戊午，來恆、薛元超爲河南、河北道大使。

二年正月乙亥，耕藉田。庚辰，京師地震。
四月，太子左庶子張大安同中書門下三品。
五月，吐蕃寇扶州。
八月辛亥，劉仁軌爲洮河軍鎭守使。
十月壬辰，徙封顯爲英王，更名哲。
十二月乙卯，募關內、河東猛士，以伐吐蕃。
是歲，西突厥及吐蕃寇安西。冬，無雪。

三年正月丙子，李敬玄爲洮河道行軍大總管，以伐吐蕃。癸未，遣使募河南、河北猛士，以伐吐蕃。

四月丁亥，以旱避正殿，慮囚。戊申，大赦，改明年爲通乾元年。癸丑，涇州民生子異體連心。

五月壬戌，如九成宮。大雨霖。

九月辛酉，至自九成宮。癸亥，張文瓘薨。丙寅，李敬玄、劉審禮及吐蕃戰于青海，敗績，審禮死之。

十月丙申，停劍南、隴右歲貢。丙午，密王元曉薨。

閏十一月丙申，雨木冰。壬子，來恆薨。

十二月癸丑，罷通乾號。

調露元年正月戊子，如東都。庚戌，戴至德薨。

四月辛酉，郝處俊爲侍中。

五月丙戌，皇太子監國。戊戌，作紫桂宮。

六月辛亥，大赦，改元。吏部侍郎裴行儉伐西突厥。

九月壬午，行儉敗西突厥，執其可汗都支。

十月，突厥温傅、奉職二部寇邊，單于大都護府長史蕭嗣業伐之。

十一月戊寅，高智周罷。甲辰，禮部尚書裴行儉爲定襄道行軍大總管，以伐突厥。

永隆元年二月癸丑，如汝州温湯。丁巳，如少室山。乙丑，如東都。

三月，裴行儉及突厥戰于黑山，敗之。

四月乙丑，如紫桂宮。戊辰，黄門侍郎裴炎、崔知温，中書侍郎王德眞：同中書門下三品。

五月丁酉，太白經天。

七月己卯，吐蕃寇河源。辛巳，李敬玄及吐蕃戰于湟川，敗績。左武衞將軍黑齒常之爲河源軍經略大使。丙申，江王元祥薨。突厥寇雲州，都督竇懷哲敗之。

八月丁未，如東都。丁巳，貶李敬玄爲衡州刺史。甲子，廢皇太子爲庶人。乙丑，立英王哲爲皇太子，大赦，改元，賜酺三日。己巳，貶張大安爲普州刺史。

九月甲申，王德眞罷。

十月壬寅，降封曹王明爲零陵郡王。戊辰，至自東都。

十一月壬申朔，日有食之。

開耀元年正月乙亥，突厥寇原、慶二州。辛巳，賜京官九品以上酺三日。癸巳，裴行儉爲定襄道行軍大總管，以伐突厥。己亥，減殿中、太僕馬，省諸方貢獻，免雍、岐、華、同四州二歲稅，河南、河北一年調。

二月丙午，皇太子釋奠于國學。

三月辛卯，郝處俊罷。

五月乙酉，常州人劉龍子謀反，伏誅。丙戌，定襄道副總管曹懷舜及突厥戰于橫水，敗績。己丑，黑齒常之及吐蕃戰于良非川，敗之。

六月壬子，永嘉郡王晫有罪，伏誅。

七月己丑，以太平公主下嫁，赦京師。甲午，劉仁軌罷左僕射。

閏月丁未，裴炎爲侍中，崔知溫、薛元超守中書令。庚戌，以餌藥，皇太子監國。庚申，裴行儉及突厥戰，敗之。

八月丁卯，以河南、河北大水，遣使賑乏絕，室廬壞者給復一年，溺死者賻物，人三段。

九月丙申，有彗星出于天市。壬戌，裴行儉俘突厥溫傅可汗、阿史那伏念以獻。乙丑，改元，赦定襄軍及諸道緣征官吏兵募。

十月丙寅朔，日有食之。

十一月癸卯，徙庶人賢于巴州。

永淳元年二月癸未，以孫重照生滿月，大赦，改元，賜酺三日。是月，突厥車薄、咽麪寇邊。

三月戊午，立重照爲皇太孫。

四月甲子朔，日有食之。丙寅，如東都，皇太子監國。辛未，裴行儉爲金牙道行軍大總管，率三總管兵以伐突厥。安西副都護王方翼及車薄、咽麪戰于熱海，敗之。丁亥，黄門侍郎郭待舉、兵部侍郎岑長倩、祕書員外少監郭正一、吏部侍郎魏玄同與中書門下同承受進止平章事。

五月乙卯，洛水溢。

六月甲子，突厥骨咄祿寇邊，嵐州刺史王德茂死之。是月，大蝗，人相食。

七月，作萬泉宫。己亥，作奉天宫。庚申，零陵郡王明自殺。

九月，吐蕃寇柘州，驍衞郎將李孝逸伐之。

十月甲子，京師地震。丙寅，黃門侍郎劉齊賢同中書門下平章事。

弘道元年正月甲午，幸奉天宮。

二月庚午，突厥寇定州，刺史霍王元軌敗之。

三月庚寅，突厥寇單于都護府，司馬張行師死之。庚子，李義琰罷。丙午，有彗星出于五車。癸丑，崔知溫薨。

四月己未，如東都。壬申，郭待舉、郭正一同中書門下平章事。甲申，綏州部落稽白鐵余寇邊，右武衛將軍程務挺敗之。

五月乙巳，突厥寇蔚州，刺史李思儉死之。

七月甲辰，徙封輪爲豫王，改名旦。薛元超罷。

八月乙丑，皇太子朝于東都，皇太孫留守京師。丁卯，滹沱溢。己巳，河溢，壞河陽城。

九月己丑，以太平公主子生，赦東都。

十月癸亥，幸奉天宮。

十一月戊戌，右武衛將軍程務挺爲單于道安撫大使，以伐突厥。辛丑，皇太子監國。丁未，如東都。戊申，裴炎、劉齊賢、郭正一兼於東宮平章事。

十二月丁巳，改元，大赦。是夕，皇帝崩于貞觀殿，年五十六。謚曰天皇大帝。天寶八載，改謚天皇大聖皇帝；十三載，增謚天皇大聖大弘孝皇帝。

贊曰：小雅曰：「赫赫宗周，褒姒威之。」此周幽王之詩也。是時，幽王雖亡，而太子宜臼立，是爲平王。而詩人乃言威之者，以爲文、武之業於是蕩盡，東周雖在，不能復興矣。其曰威者，甚疾之之辭也。武氏之亂，唐之宗室戕殺殆盡，其賢士大夫不免者十八九。以太宗之治，其遺德餘烈在人者未遠，而幾於遂絕，其爲惡豈一褒姒之比邪？以太宗之明，昧於知子，廢立之際，不能自決，卒用昏童。高宗溺愛袵席，不戒履霜之漸，而毒流天下，貽禍邦家。嗚呼，父子夫婦之間，可謂難哉！可不愼哉？

校勘記

〔一〕崑陵都護阿史那彌射　「都護」，各本原作「都督」。按上文顯慶四年三月壬午條載阿史那彌射爲崑陵都護，與本書卷二一五下及舊書卷一九四下突厥傳、冊府卷九六四俱合。查本書卷四三下及舊書卷四〇地理志、通鑑卷二〇〇皆云顯慶二年分西突厥地置崑陵、濛池二都護府。知「都督」爲「都護」之訛，據改。

唐書卷四

本紀第四

則天皇后　中宗

則天順聖皇后武氏諱曌，并州文水人也。父士彠，官至工部尙書、荆州都督，封應國公。

后年十四，太宗聞其有色，選爲才人。太宗崩，后削髮爲比丘尼，居于感業寺。高宗幸感業寺，見而悅之，復召入宮。久之，立爲昭儀，進號宸妃。永徽六年，高宗廢皇后王氏，立宸妃爲皇后。

高宗自顯慶後，多苦風疾，百司奏事，時時令后決之，常稱旨，由是參豫國政。后既專寵與政，乃數上書言天下利害，務收人心，而高宗春秋高，苦疾，后益用事，遂不能制。高宗悔，陰欲廢之，而謀洩不果。上元元年，高宗號天皇，皇后亦號天后，天下之人謂之「二聖」。

弘道元年十二月，高宗崩，遺詔皇太子即皇帝位，軍國大務不決者，兼取天后進止。甲子，皇太子即皇帝位，尊后爲皇太后，臨朝稱制。大赦，賜九品以下勳官一級。庚午，韓王元嘉爲太尉，霍王元軌爲司徒，舒王元名爲司空。甲戌，劉仁軌爲尙書左僕射，裴炎爲中書令，劉齊賢爲侍中：同中書門下三品。戊寅，郭待舉、魏玄同、岑長倩同中書門下三品。癸未，郭正一罷。

光宅元年正月癸未，改元嗣聖。癸巳，左散騎常侍韋弘敏爲太府卿、同中書門下三品。

二月戊午，廢皇帝爲廬陵王，幽之。己未，立豫王旦爲皇帝，妃劉氏爲皇后，立永平郡王成器爲皇太子。大赦，改元爲文明。賜文武官五品以上爵一等、九品以上勳兩轉。老人版授官，賜粟帛。職官五品以上舉所知一人。皇太后仍臨朝稱制。庚申，廢皇太孫重照爲庶人，殺庶人賢于巴州。甲子，皇帝率羣臣上尊號于武成殿。丁卯，冊皇帝。丁丑，太常卿王德眞爲侍中，中書侍郞劉褘之同中書門下三品。庚辰，贈玉清觀道士太中大夫王遠知金紫光祿大夫。

三月丁亥，徙封上金爲畢王，素節葛王。

四月丁巳，滕王元嬰薨。辛酉，徙封上金爲澤王，素節許王。癸酉，遷廬陵王于房州；丁丑，又遷于均州。

五月癸巳，以大喪禁射獵。

閏月甲子，禮部尚書武承嗣爲太常卿、同中書門下三品。

七月戊午，廣州崑崙殺其都督路元叡。乙丑，突厥寇朔州，左武衞大將軍程務挺敗之。辛未，有彗星出于西方。

八月庚寅，葬天皇大帝于乾陵。丙午，武承嗣罷。

九月甲寅，大赦，改元。旗幟尚白，易內外官服靑者以碧，大易官名，改東都爲神都。追尊老子母爲先天太后。丙辰，左威衞大將軍程務挺爲單于道安撫大使，以備突厥。己巳，追尊武氏五代祖克己爲魯國公，妣裴氏爲魯國夫人；高祖居常爲太尉、北平郡王，妣劉氏爲王妃；曾祖儉爲太尉、金城郡王，妣宋氏爲王妃；祖華爲太尉、太原郡王，妣趙氏爲王妃；考士彠爲太師、魏王，妣楊氏爲王妃。丁丑，柳州司馬李敬業舉兵于揚州以討亂。貶韋弘敏爲汾州刺史。

十月癸未，楚州司馬李崇福以山陽、安宜、鹽城三縣歸于敬業。甲申，左玉鈐衞大將軍梁郡公孝逸爲揚州道行軍大總管，左金吾衞大將軍李知十爲副，率兵三十萬以拒李敬業。

丁亥，左肅政臺御史大夫騫味道檢校內史、同鳳閣鸞臺三品，鳳閣舍人李景諶同鳳閣鸞臺平章事。壬辰，李敬業克潤州。丙申，殺裴炎。追謚五代祖魯國公曰靖，高祖北平郡王曰恭肅，曾祖金城郡王曰義康，祖太原郡王曰安成，考魏王曰忠孝。丁酉，曲赦揚、楚二州。復敬業姓徐氏。貶劉齊賢爲辰州刺史。李景諶罷。右史沈君諒、著作郎崔詧爲正諫大夫、同鳳閣鸞臺平章事。

十一月辛亥，左鷹揚衞大將軍黑齒常之爲江南道行軍大總管。庚申，右監門衞將軍蘇孝祥及徐敬業戰于阿谿，死之。乙丑，徐敬業將王那相殺敬業降。丁卯，郭待舉罷。鸞臺侍郎韋方質爲鳳閣侍郎、同鳳閣鸞臺平章事。

十二月戊子，遣御史察風俗。癸卯，殺程務挺。

垂拱元年正月丁未，大赦，改元。庚戌，騫味道守內史。戊辰，劉仁軌薨。

二月乙巳，春官尚書武承嗣、秋官尚書裴居道、右肅政臺御史大夫韋思謙同鳳閣鸞臺三品。突厥寇邊，左玉鈐衞中郎將淳于處平爲陽曲道行軍總管以擊之。沈君諒罷。

三月，崔詧罷。丙辰，遷盧陵王于房州。辛酉，武承嗣罷。辛未，頒垂拱格。

四月丙子，貶騫味道爲青州刺史。癸未，淳于處平及突厥戰于忻州，敗績。

五月丙午，裴居道爲納言。丁未，流王德眞于象州。己酉，冬官尚書蘇良嗣守納言。

封皐帝子成義爲恆王。壬戌，以旱慮囚。壬申，韋方質同鳳閣鸞臺三品。

六月，天官尚書韋待價同鳳閣鸞臺三品。

九月丁卯，揚州地生毛。

十一月癸卯，韋待價爲燕然道行軍大總管，以擊突厥。

二年正月辛酉，大赦，賜酺三日，內外官勳一轉。

二月辛未朔，日有蝕之。

三月戊申，作銅匭。

四月庚辰，岑長倩爲內史。

五月丙午，裴居道爲內史。

六月辛未，蘇良嗣同鳳閣鸞臺三品。己卯，韋思謙守納言。

十月己巳，有山出于新豐縣，改新豐爲慶山，赦囚，給復一年，賜酺三日。

十二月，免并州百姓庸、調，終其身。

是冬，無雪。

三年閏正月丁卯，封皇子隆基爲楚王，隆範衞王，隆業趙王。

二月己亥，以旱避正殿，減膳。丙辰，突厥寇昌平，黑齒常之擊之。

三月乙丑，韋思謙罷。

四月辛丑，追號孝敬皇帝妃裴氏曰哀皇后，葬于恭陵。癸丑，以旱慮囚，命京官九品以上言事。壬戌，裴居道爲納言。

五月丙寅，夏官侍郎張光輔爲鳳閣侍郎、同鳳閣鸞臺平章事。庚午，殺劉禕之。

七月丁卯，冀州雌雞化爲雄。乙亥，京師地震，雨金于廣州。

八月壬子，魏玄同兼檢校納言。交趾人李嗣仙殺安南都護劉延祐，據交州，桂州司馬曹玄靜敗之。是月，突厥寇朔州，燕然道行軍大總管黑齒常之敗之。

九月己卯，虢州人楊初成自稱郎將，募州人迎廬陵王于房州，不果，見殺。

十月庚子，右監門衞中郎將爨寶璧及突厥戰，敗績。

十二月壬辰，韋待價爲安息道行軍大總管，安西大都護閻温古副之，以擊吐蕃。

是歲，大饑。

四年正月甲子，增七廟，立高祖、太宗、高宗廟于神都。庚午，毀乾元殿，作明堂。

三月壬戌，殺麟臺少監周思茂。

四月戊戌，殺太子通事舍人郝象賢。

五月庚申，得「寶圖」于洛水。乙亥，加尊號爲聖母神皇。

六月丁亥朔，日有食之。得瑞石于汜水。

七月丁巳，大赦，改「寶圖」爲「天授聖圖」，洛水爲永昌洛水，封其神爲顯聖侯，加特進，禁漁釣。改嵩山爲神岳，封其神爲天中王、太師、使持節、大都督。賜酺五日。戊午，京師地震。

八月戊戌，神都地震。丙午，博州刺史琅邪郡王沖舉兵以討亂，遣左金吾衞大將軍丘神勣拒之。戊申，沖死之。庚戌，越王貞舉兵于豫州以討亂。辛亥，曲赦博州。

九月丙辰，左豹韜衞大將軍麴崇裕爲中軍大總管，岑長倩爲後軍大總管，以拒越王貞；張光輔爲諸軍節度。削越王貞及琅邪郡王沖屬籍，改其姓爲虺氏。貞死之。丙寅，赦豫州。殺韓王元嘉、魯王靈夔、范陽郡王靄、黃國公譔、東莞郡公融及常樂公主，皆改其姓爲虺氏。丁卯，左肅政臺御史大夫騫味道、夏官侍郎王本立同鳳閣鸞臺平章事。

十月辛亥，大風拔木。

十一月辛酉，殺濟州刺史薛顗及其弟駙馬都尉紹。

十二月乙酉，殺霍王元軌、江都郡王緒及殿中監裴承光。大殺唐宗室，流其幼者于嶺南。己亥，殺騫味道。己酉，拜洛受圖。辛亥，改明堂爲萬象神宮，大赦。

永昌元年正月乙卯，享于萬象神宮，大赦，改元，賜酺七日。丁巳，舒王元名爲司徒。戊午，布政于萬象神宮，頒九條以訓百官。己未，朗州雌雞化爲雄。

二月丁酉，尊考太師魏忠孝王曰周忠孝太皇。置崇先府官。戊戌，追謚妣楊氏曰周忠孝太后；太原郡王曰周安成王，妃趙氏爲王妃；金城郡王曰魏義康王，妃宋氏爲王妃；北平郡王曰趙肅恭王，妃劉氏爲王妃；五代祖魯國公曰太原靖王，夫人裴氏爲王妃。

三月甲子，張光輔守納言。癸酉，天官尚書武承嗣爲納言，張光輔守內史。

四月甲辰，殺汝南郡王瑋、鄱陽郡公諲、廣漢郡公謐、汶山郡公蓁、零陵郡王俊、廣都郡公璹，徙其家于巂州。己酉，殺天官侍郎鄧玄挺。

五月丙辰，韋待價及吐蕃戰于寅識迦河，敗績。己巳，白馬寺僧薛懷義爲新平道行軍大總管，以擊突厥。

七月丁巳，流紀王愼于巴州，改其姓爲虺氏。丙子，流韋待價于繡州，殺閻温古。戊寅，王本立同鳳閣鸞臺三品。

八月癸未，薛懷義爲新平道中軍大總管，以擊突厥。甲申，殺張光輔、洛州司馬弓嗣業、洛陽令弓嗣明、陝州參軍弓嗣古、流人徐敬眞。乙未，松州雌雞化爲雄。辛丑，殺陝州刺史郭正一。丁未，殺相州刺史弓志元、蒲州刺史弓彭祖、尙方監王令基。

九月庚戌，殺恆山郡王承乾之子厥。

閏月甲午，殺魏玄同、夏官侍郎崔詧。戊申，殺彭州長史劉易從。

十月癸丑，殺涼州都督李光誼。丁巳，殺陝州刺史劉延景。戊午，殺右武威衛大將軍黑齒常之、右鷹揚衛將軍趙懷節。己未，殺嗣鄭王璥。丁卯，春官尙書范履冰、鳳閣侍郎邢文偉同鳳閣鸞臺平章事。

天授元年正月庚辰，大赦，改元曰載初，以十一月爲正月，十二月爲臘月，來歲正月爲一月。以周、漢之後爲二王後，封舜、禹、湯之裔爲三恪，周、隋同列國，封其嗣。乙未，除唐宗室屬籍。

臘月丙寅，殺劉齊賢。

一月戊子，王本立罷。邢文偉爲內史，岑長倩、武承嗣同鳳閣鸞臺三品，鳳閣侍郎武攸寧爲納言。甲午，流韋方質于儋州。

二月丁卯，殺地官尚書王本立。

三月乙酉，以旱減膳。丁亥，蘇良嗣薨。

五月戊子，殺范履冰。己亥，殺梁郡公孝逸。

六月戊申，殺汴州刺史柳明肅。

七月辛巳，流舒王元名于和州。頒大雲經于天下。壬午，殺豫章郡王亶。丁亥，殺澤王上金、許王素節。甲午，赦永昌縣。癸卯，殺太常丞蘇踐言。

八月辛亥，殺許王素節之子璟、會江縣令白令言。甲寅，殺裴居道。壬戌，殺將軍阿史那惠、右司郎中喬知之。癸亥，殺尚書右丞張行廉、太州刺史杜儒童。甲子，殺流人張楚金。戊辰，殺流人元萬頃、苗神客。辛未，殺南安郡王潁、鄅國公昭及諸宗室李直、李敞、李然、李勳、李策、李越、李黯、李玄、李英、李志業、李知言、李玄貞。

九月乙亥，殺鉅鹿郡公晃、麟臺郎裴望及其弟司膳丞璉。壬午，改國號周。大赦，改元，賜酺七日。乙酉，加尊號曰聖神皇帝，降皇帝爲皇嗣，賜姓武氏，皇太子爲皇孫。丙戌，立武氏七廟于神都。追尊周文王曰始祖文皇帝，妣姒氏曰文定皇后；四十代祖平王少子武曰睿祖康皇帝，妣姜氏曰康惠皇后；太原靖王曰嚴祖成皇帝，妣曰成莊皇后；趙肅恭王曰肅祖章敬皇帝，妣曰章敬皇后；魏義康王曰烈祖昭安皇帝，妣曰昭安皇后；周安成王曰顯祖文穆皇帝，妣曰文穆皇后；忠孝太皇曰太祖孝明高皇帝，妣曰孝明高皇后。追封伯父及兄弟之子爲王，堂兄爲郡王，諸姑姊爲長公主，堂姊妹爲郡主。司賓卿史務滋守納言，鳳閣侍郎宗秦客檢校內史，給事中傅游藝爲鸞臺侍郎、同鳳閣鸞臺平章事。

十月丁巳，給復并州武興縣百姓，子孫相承如漢豐、沛。甲子，貶宗秦客爲遵化尉。丁卯，殺流人韋方質。己巳，殺許王素節之子瑛、琪、琬、瓚、瑒、瑗、琛、唐臣。辛未，貶邢文偉爲珍州刺史。置大雲寺。封周公爲褒德王，孔子爲隆道公。改唐太廟爲享德廟，以武氏七廟爲太廟。

二年正月甲戌，改置社稷，旗幟尚赤。戊寅，殺雅州刺史劉行實及其弟渠州刺史行瑜、尚衣奉御行感、兄子左鷹揚衞將軍虔通。戊子，武承嗣爲文昌左相。庚寅，賜酺。乙未，殺丘神勣、左豹韜衞將軍衞蒲山。庚子，殺史務滋。

臘月己未，始用周臘。

四月壬寅朔，日有蝕之。丙午，大赦。

五月丁亥，大風折木。岑長倩爲武威道行軍大總管，以擊吐蕃。

六月庚戌，左肅政臺御史大夫格輔元爲地官尚書，鸞臺侍郎樂思晦，鳳閣侍郎任知古：同鳳閣鸞臺平章事。

七月庚午，徙關內七州戶以實神都。

八月戊申，武攸寧罷。夏官尚書歐陽通爲司禮卿兼判納言事。庚申，殺右玉鈐衞大將軍張虔勗。

九月乙亥，殺岐州刺史雲弘嗣。壬辰，殺傅游藝。癸巳，左羽林衞大將軍武攸寧守納言，冬官侍郎裴行本，洛州司馬狄仁傑爲地官侍郎：同鳳閣鸞臺平章事。

十月己酉，殺岑長倩、歐陽通、格輔元。壬戌，殺樂思晦、左衞將軍李安靜。

長壽元年一月戊辰，夏官尚書楊執柔同鳳閣鸞臺平章事。庚午，貶任知古爲江夏令，狄仁傑彭澤令。流裴行本于嶺南。乙亥，殺右衞大將軍泉獻誠。庚辰，司刑卿李遊道爲冬官尚書、同鳳閣鸞臺平章事。

二月戊午，秋官尚書袁智弘同鳳閣鸞臺平章事。

四月丙申朔，日有食之。大赦，改元如意。

五月，洛水溢。七月，又溢。

八月甲戌，河溢，壞河陽縣。戊寅，武承嗣、武攸寧、楊執柔罷；秋官侍郎崔元綜爲鸞臺侍郎，夏官侍郎李昭德爲鳳閣侍郎，權檢校天官侍郎姚璹爲文昌左丞，檢校地官侍郎李元素爲文昌右丞，營繕大匠王璿爲夏官尚書，司賓卿崔神基：同鳳閣鸞臺平章事。

九月戊戌，大霧。庚子，大赦，改元。改用九月社，賜酺七日。癸卯，以幷州爲北都。癸丑，流李遊道、袁智弘、王璿、崔神基、李元素于嶺南。

十月丙戌，武威道行軍總管王孝傑敗吐蕃，克四鎭。

二年臘月癸亥，殺皇嗣妃劉氏、德妃竇氏。丁卯，降封皇孫成器爲壽春郡王，恆王成義衡陽郡王，楚王隆基臨淄郡王，衞王隆範巴陵郡王，趙王隆業彭城郡王。

一月庚子，夏官侍郎婁師德同鳳閣鸞臺平章事。甲寅，殺尚方監裴匪躬、內常侍范雲仙。

三月己卯，殺左衞員外大將軍阿史那元慶、白潤府果毅薛大信〔一〕。

五月乙未，殺冬官尚書蘇幹、相州刺史來同敏。癸丑，河溢棣州。

九月丁亥朔，日有蝕之。乙未，加號金輪聖神皇帝，大赦，賜酺七日，作七寶。庚子，追尊烈祖昭安皇帝曰渾元昭安皇帝，顯祖文穆皇帝曰立極文穆皇帝，太祖孝明高皇帝曰無上孝明高皇帝。辛丑，姚璹罷。文昌右丞韋巨源同鳳閣鸞臺平章事，秋官侍郎陸元方爲鸞臺侍郎、同鳳閣鸞臺平章事，司賓卿豆盧欽望守內史。

延載元年臘月甲戌，突厥默啜寇靈州。右鷹揚衞大將軍李多祚敗之〔三〕。

一月甲午，婁師德爲河源、積石、懷遠等軍營田大使。

二月庚午，薛懷義爲伐逆道行軍大總管，領十八將軍以擊默啜。乙亥，以旱慮囚。己卯，武威道大總管王孝傑及吐蕃戰于冷泉，敗之。

三月甲申，鳳閣舍人蘇味道爲鳳閣侍郎、同鳳閣鸞臺平章事，李昭德檢校內史。薛懷義爲朔方道行軍大總管，擊默啜。昭德爲朔方道行軍長史，味道爲司馬。

四月壬戌，常州地震。

五月甲午，加號越古金輪聖神皇帝，大赦，改元，賜酺七日。

七月癸未，嵩嶽山人武什方爲正諫大夫、同鳳閣鸞臺平章事。

八月，什方罷。戊辰，王孝傑爲瀚海道行軍總管。己巳，司賓少卿姚璹守納言；左肅政臺御史大夫楊再思爲鸞臺侍郎，洛州司馬杜景佺檢校鳳閣侍郎：同鳳閣鸞臺平章事。戊寅，流崔元綜于振州。

九月壬午朔，日有蝕之。壬寅，貶李昭德爲南賓尉。

十月壬申，文昌右丞李元素爲鳳閣侍郎，右肅政臺御史中丞周允元檢校鳳閣侍郎：同鳳閣鸞臺平章事。嶺南獠寇邊，容州都督張玄遇爲桂、永等州經略大使。癸酉，雨木冰。

天册萬歲元年正月辛巳，加號慈氏越古金輪聖神皇帝，改元證聖。大赦，賜酺三日。戊子，貶豆盧欽望爲趙州刺史，韋巨源鄜州刺史，杜景佺溱州刺史〔三〕，蘇味道集州刺史，陸元方綏州刺史。丙申，萬象神宮火。丙午，王孝傑爲朔方行軍總管，以擊突厥。

二月己酉朔，日有蝕之。壬子，殺薛懷義。甲子，罷「慈氏越古」號。

三月丙辰，周允元薨。

四月戊寅，建大周萬國頌德天樞。

七月辛酉，吐蕃寇臨洮，王孝傑爲肅邊道行軍大總管以擊之。

九月甲寅，祀南郊。加號天册金輪大聖皇帝。大赦，改元，賜酺九日。以崇先廟爲崇尊廟。

萬歲通天元年臘月甲戌，如神岳。甲申，封于神岳。改元曰萬歲登封。大赦，免今歲租稅，賜酺十日。丁亥，禪于少室山。己丑，給復洛州二年，登封、告成縣三年。癸巳，復于神都。

一月甲寅，婁師德爲肅邊道行軍副總管，以擊吐蕃。己巳，改崇尊廟爲太廟。

二月辛巳，尊神岳天中王爲神岳天中黃帝，天靈妃爲天中黃后。

三月壬寅，王孝傑、婁師德及吐蕃戰于素羅汗山，敗績。丁巳，復作明堂，改曰通天宮。大赦，改元，賜酺七日。

四月癸酉，檢校夏官侍郎孫元亨同鳳閣鸞臺平章事。庚子，貶婁師德爲原州都督府司馬。

五月壬子，契丹首領松漠都督李盡忠、歸誠州刺史孫萬榮陷營州，殺都督趙文翽。乙丑，左鷹揚衞將軍曹仁師、右金吾衞大將軍張玄遇、左威衞大將軍李多祚、司農少卿麻仁節等擊之。

七月辛亥，春官尚書武三思爲楡關道安撫大使，納言姚璹爲副，以備契丹。

八月丁酉，張玄遇、曹仁師、麻仁節等及契丹戰于黃麞谷，敗績，執玄遇、仁節。

九月庚子，同州刺史武攸宜爲淸邊道行軍大總管，以擊契丹。丁巳，吐蕃寇涼州〔四〕，都督許欽明死之。庚申，并州長史王方慶爲鸞臺侍郎，殿中監李道廣：同鳳閣鸞臺平章事。

十月辛卯，契丹寇冀州，刺史陸寶積死之。甲午，慮囚。

神功元年正月壬戌，殺李元素、孫元亨、洛州錄事參軍綦連耀、箕州刺史劉思禮、知天官侍郎事石抱忠劉奇、給事中周譒、鳳閣舍人王勮、前涇州刺史王勔、太子司議郎路敬淳、司門員外郎劉順之、右司員外郎宇文全志、來庭縣主簿柳璆。癸亥，突厥默啜寇勝州，平狄軍副使安道買敗之。甲子，婁師德守鳳閣侍郎、同鳳閣鸞臺平章事。

一月乙巳，慮囚。

三月庚子，王孝傑及孫萬斬戰于東硤石谷，敗績，孝傑死之。戊申，赦河南、北。

四月戊辰，置九鼎于通天宮。癸酉，前益州大都督府長史王及善爲內史。癸未，右金吾衞大將軍武懿宗爲神兵道行軍大總管，及右豹韜衞將軍何迦密以擊契丹。

五月癸卯，婁師德爲清邊道行軍副大總管，右武衞將軍沙吒忠義爲清邊中道前軍總管，以擊契丹。

六月丁卯，殺監察御史李昭德、司僕少卿來俊臣。己卯，尚方少監宗楚客同鳳閣鸞臺平章事。戊子，特進武承嗣、春官尚書武三思同鳳閣鸞臺三品。辛卯，婁師德安撫河北。

七月丁酉，武承嗣、武三思罷。

八月丙戌，姚璹罷。

九月壬寅，大赦，改元，賜酺七日。庚戌，婁師德守納言。

十月甲子，給復徇忠、立節二縣一年。

閏月甲寅，檢校司刑卿、幽州都督狄仁傑爲鸞臺侍郎，司刑卿杜景佺爲鳳閣侍郎：同鳳閣鸞臺平章事。

聖曆元年正月甲子，大赦，改元，賜酺九日。丙寅，宗楚客罷。丁亥，李道廣罷。

三月己巳，召廬陵王于房州。戊子，廬陵王至自房州。

四月庚寅，赦神都及河北。辛丑，婁師德爲隴右諸軍大使，檢校河西營田事。

五月庚午，禁屠。

六月乙卯，大風拔木。

七月辛未，杜景佺罷。

八月，突厥寇邊。戊子，左豹韜衞將軍閻知微降于突厥，寇邊。甲午，王方慶罷。庚子，春官尚書武三思檢校內史，狄仁傑兼納言。司屬卿武重規爲天兵中道大總管，沙吒忠義爲天兵西道前軍總管，幽州都督張仁亶爲天兵東道總管，左羽林衞大將軍李多祚、右羽林衛大將軍閻敬容爲天兵西道後軍總管，以擊突厥。癸丑，突厥寇蔚州。乙卯，寇定州，刺史孫彥高死之。

九月甲子，夏官尚書武攸寧同鳳閣鸞臺三品。戊辰，突厥寇趙州，長史唐波若降于突厥，刺史高叡死之。突厥寇相州，沙吒忠義爲河北道前軍總管，將軍陽基副之，李多祚爲後軍總管，大將軍富福信爲奇兵總管，以禦之。壬申，立廬陵王顯爲皇太子，大赦，賜酺五日。甲戌，皇太子爲河北道行軍元帥，以擊突厥。戊寅，狄仁傑爲河北道行軍副元帥、檢校納言。辛巳，試天官侍郎蘇味道爲鳳閣侍郎、同鳳閣鸞臺平章事。

十月癸卯，狄仁傑爲河北道安撫大使。夏官侍郎姚元崇、麟臺少監李嶠同鳳閣鸞臺平章事。族閻知微。

二年正月壬戌，封皇嗣旦爲相王。

臘月戊子，左肅政臺御史中丞吉頊爲天官侍郎，檢校右肅政臺御史中丞魏元忠爲鳳閣侍郎，同鳳閣鸞臺平章事。辛亥，賜皇太子姓武氏，大赦。

一月庚申，武攸寧罷。

二月己丑，如緱氏。辛卯，如嵩陽。丁酉，復于神都。

三月甲戌，以隋、唐爲二王後。婁師德爲納言。

四月壬辰，魏元忠檢校幷州大都督府長史、天兵軍大總管，婁師德副之，以備突厥。辛丑，婁師德爲隴右諸軍大使。甲辰，慮囚。

七月丙辰，神都大雨，洛水溢。

八月庚子，王及善爲文昌左相、同鳳閣鸞臺平章事，太子宮尹豆盧欽望爲文昌右相、同鳳閣鸞臺三品。楊再思罷。丁未，試天官侍郎陸元方爲鸞臺侍郎、同鳳閣鸞臺平章事。婁師德薨。戊申，武三思爲內史。

九月乙亥，如福昌縣，曲赦。戊寅，復于神都。庚辰，王及善薨。

是秋，黃河溢。

十月丁亥，吐蕃首領贊婆來。

久視元年正月戊午，貶吉頊爲琰川尉。壬申，武三思罷。

臘月辛巳，封皇太子之子重潤爲邵王。庚寅，陸元方罷司禮卿〔五〕。阿史那斛瑟羅爲平西軍大總管。丁酉，狄仁傑爲內史。庚子，文昌左相韋巨源爲納言。乙巳，如嵩山。

一月丁卯，如汝州溫湯。戊寅，復于神都。作三陽宮。

二月乙未，豆盧欽望罷。

三月癸丑，夏官尚書唐奉一爲天兵中軍大總管，以備突厥。

四月戊申，如三陽宮。

五月己酉朔，日有蝕之。癸丑，大赦，改元，罷「天册金輪大聖」號，賜酺五日，給復告成縣一年。

閏七月戊寅，復于神都。己丑，天官侍郎張錫爲鳳閣侍郎、同鳳閣鸞臺平章事。李嶠罷。丁酉，吐蕃寇涼州，隴右諸軍州大使唐休璟敗之于洪源谷。

八月庚戌，魏元忠爲隴右諸軍州大總管，以擊吐蕃。庚申，斂天下僧錢作大像。

九月辛丑，狄仁傑薨。

十月辛亥，魏元忠爲蕭關道行軍大總管，以備突厥。甲寅，復唐正月，大赦。丁巳，韋巨源罷。文昌右丞韋安石爲鸞臺侍郎、同鳳閣鸞臺平章事。丁卯，如新安隴澗山，曲赦。壬申，復于神都。

十二月甲寅，突厥寇隴右。

長安元年正月丁丑，改元大足。

二月己酉，鸞臺侍郎李懷遠同鳳閣鸞臺平章事。
三月丙申，流張錫于循州。
四月丙午，大赦。癸丑，姚元崇檢校并州以北諸軍州兵馬。
五月乙亥，如三陽宮。丁丑，魏元忠爲靈武道行軍大總管，以備突厥。丙申，天官侍郎顧琮同鳳閣鸞臺平章事。
六月庚申，夏官侍郎李迥秀同鳳閣鸞臺平章事。辛未，赦告成縣。
七月甲戌，復于神都。乙亥，揚、楚、常、潤、蘇五州地震。壬午，蘇味道按察幽、平等州兵馬。甲申，李懷遠罷。
九月壬申，殺邵王重潤及永泰郡主、主壻武延基。
十月壬寅，如京師。辛酉，大赦，改元。給復關內三年，賜酺三日。丙寅，魏元忠同鳳閣鸞臺三品。
十一月壬申，武三思罷。戊寅，改含元宮爲大明宮。
二年正月，突厥寇鹽州。
三月丙戌，李迥秀安置山東軍馬，檢校武騎兵。庚寅，突厥寇并州，雍州長史薛季昶持節山東防禦大使以備之。

七月甲午，突厥寇代州。

八月辛亥，劍南六州地震。

九月乙丑朔，日有蝕之。壬申，突厥寇忻州。己卯，吐蕃請和。

十月甲辰，顧琮薨。戊申，吐蕃寇悉州，茂州都督陳大慈敗之。甲寅，姚元崇同鳳閣鸞臺平章事，蘇味道、韋安石、李迥秀同鳳閣鸞臺三品。

十一月甲子，相王旦爲司徒。戊子，祀南郊，大赦，賜酺三日。

十二月甲午，魏元忠爲安東道安撫使。

三年三月壬戌朔，日有蝕之。

四月庚子，相王旦罷。吐蕃來求婚。乙巳，以旱避正殿。

閏月庚午，成均祭酒李嶠同鳳閣鸞臺平章事。己卯，李嶠知納言事。

七月壬寅，正諫大夫朱敬則同鳳閣鸞臺平章事。庚戌，檢校涼州都督唐休璟爲夏官尚書、同鳳閣鸞臺平章事。

八月乙酉，京師大雨雹。

九月庚寅朔，日有蝕之。丁酉，貶魏元忠爲高要尉。

十月丙寅，如神都。

十二月丙戌，天下置關三十。

四年正月丁未，作興泰宮。壬子，天官侍郎韋嗣立爲鳳閣侍郎、同鳳閣鸞臺三品。

二月癸亥，貶李迥秀爲廬州刺史。壬申，朱敬則罷。

三月丁亥，進封皇孫平恩郡王重福爲譙王。己亥，夏官侍郎宗楚客同鳳閣鸞臺平章事。貶蘇味道爲坊州刺史。

四月壬戌，韋安石知納言事，李嶠知內史事。丙子，如興泰宮，赦壽安縣，給復一年。

五月丁亥，大風拔木。

六月辛酉，姚元之罷。乙丑，天官侍郎崔玄暐爲鸞臺侍郎、同鳳閣鸞臺平章事。丁丑，李嶠同鳳閣鸞臺三品。壬午，相王府長史姚元之兼知夏官尚書、同鳳閣鸞臺三品。

七月丙戌，左肅政臺御史大夫楊再思守內史。甲午，復于神都。貶宗楚客爲原州都督。

八月庚申，唐休璟兼幽營二州都督、安東都護。

九月壬子，姚元之爲靈武道行軍大總管。

十月辛酉，元之爲靈武道安撫大使。甲戌，判秋官侍郎張柬之同鳳閣鸞臺平章事。壬午，懷州長史房融爲正諫大夫、同鳳閣鸞臺平章事。

十一月丁亥，天官侍郎韋承慶行鳳閣侍郎、同鳳閣鸞臺平章事。李嶠罷。

十二月丙辰，韋嗣立罷。

五年正月壬午，大赦。庚寅，禁屠。癸卯，張柬之、崔玄暐及左羽林衞將軍敬暉、檢校左羽林衞將軍桓彥範、司刑少卿袁恕己、左羽林衞將軍李湛薛思行趙承恩、右羽林衞將軍楊元琰、左羽林衞大將軍李多祚、職方郎中崔泰之、庫部員外郎朱敬則、司刑評事冀仲甫、檢校司農少卿兼知總監翟世言、內直郎王同皎率左右羽林兵以討亂；麟臺監張易之、春官侍郎張昌宗、汴州刺史張昌期、司禮少卿張同休、通事舍人張景雄伏誅。丙午，皇帝復于位。丁未，徙后于上陽宮。戊申，上后號曰則天大聖皇帝。

十一月，崩，諡曰大聖則天皇后。唐隆元年，改爲天后；景雲元年，改爲大聖天后；延和元年，改爲天后聖帝，未幾，改爲聖后；開元四年，改爲則天皇后；天寶八載，加諡則天順聖皇后。

中宗大和大聖大昭孝皇帝諱顯，高宗第七子也。母曰則天順聖皇后武氏。高宗崩，以皇太子卽皇帝位，而皇太后臨朝稱制。嗣聖元年正月，廢居于均州，又遷于房州。聖曆二年，復爲皇太子。太后老且病。

神龍元年正月，張柬之等以羽林兵討亂。甲辰，皇太子監國，大赦，改元。丙午，復于位，大赦，賜文武官階、爵，民酺五日，免今歲租賦，給復房州三年，放宮女三千人。相王旦爲安國相王、太尉、同鳳閣鸞臺三品。庚戌，張柬之、袁恕己同鳳閣鸞臺三品，崔玄暐守內史，敬暉爲納言，桓彥範守納言。

二月甲寅，復國號唐。貶韋承慶爲高要尉，流房融于高州。楊再思同中書門下三品。姚元之罷。甲子，皇后韋氏復于位，大赦，賜酺三日，復宗室死于周者官爵。丙寅，太子賓客武三思爲司空、同中書門下三品。貶譙王重福爲濮州刺史。丁卯，右散騎常侍、駙馬都尉武攸曁爲司徒。辛未，安國相王旦罷。甲戌，太子少詹事祝欽明同中書門下三品。韋安石罷。進封子義興郡王重俊爲衞王，北海郡王重茂溫王。丁丑，武三思、武攸曁罷。

三月甲申，詔文明後破家者昭洗之，還其子孫蔭。己丑，袁恕己守中書令。

四月辛亥，桓彥範爲侍中，袁恕己爲中書令。丁卯，高要尉魏元忠爲衞尉卿、同中書門下平章事。辛未，敬暉爲侍中。甲戌，魏元忠、崔玄暐，刑部尙書韋安石爲吏部尙書，太子右庶子李懷遠爲左散騎常侍，涼州都督唐休璟爲輔國大將軍：同中書門下三品。乙亥，張柬之爲中書令。

五月壬午，遷武氏神主于崇恩廟。乙酉，立太廟、社稷于東都。戊子，復周、隋二王後。壬辰，進封兄成紀郡王千里爲成王。甲午，敬暉、桓彥範、張柬之、袁恕己、崔玄暐罷。韋安石兼檢校中書令，魏元忠兼侍中。甲辰，唐休璟爲尙書左僕射，特進豆盧欽望爲尙書右僕射：同中書門下三品。

六月壬子，左驍衞大將軍裴思諒爲靈武道行軍大總管，以備突厥。癸亥，韋安石爲中書令，魏元忠爲侍中，楊再思檢校中書令，豆盧欽望平章軍國重事。

七月辛巳，太子賓客韋巨源同中書門下三品。甲辰，洛水溢。

八月戊申，給復河南、洛陽二縣一年。壬戌，追册妃趙氏爲皇后。乙亥，祔孝敬皇帝于東都太廟。皇后見于廟。丁丑，幸洛城南門，觀鬭象。

九月壬午，祀天地于明堂。大赦，賜文武官勳、爵，民爲父後者古爵一級，酺三日。癸巳，韋巨源罷。

十月癸亥，幸龍門。乙丑，獵于新安。辛未，魏元忠爲中書令，楊再思爲侍中。

十一月戊寅，上尊號曰應天皇帝，皇后曰順天皇后。壬午，及皇后享于太廟，大赦，賜文武官階、勳、爵，民酺三日。己丑，幸洛城南門，觀潑寒胡戲。壬寅，皇太后崩，廢崇恩廟。

二年正月戊戌，吏部尚書李嶠同中書門下三品，中書侍郎于惟謙同中書門下平章事。

閏月丙午，公主開府置官屬。

二月乙未，禮部尚書韋巨源爲刑部尚書、同中書門下三品。丙申，遣十道巡察使。

三月甲辰，韋安石罷。戶部尚書蘇瓌守侍中。戊申，唐休璟罷。庚戌，殺光祿卿、駙馬都尉王同皎。是月，置員外官。

四月己丑，李懷遠罷。己亥，雨毛于鄮縣。辛丑，洛水溢。

五月庚申，葬則天大聖皇后。

六月戊寅，貶敬暉爲崖州司馬，桓彥範瀧州司馬，袁恕己竇州司馬，崔玄暐白州司馬，張柬之新州司馬。

七月戊申，立衞王重俊爲皇太子。丙寅，魏元忠爲尚書右僕射、兼中書令，李嶠守中書令。辛未，左散騎常侍致仕李懷遠同中書門下三品。流敬暉于嘉州，桓彥範于瀼州，袁恕己于環州，崔玄暐于古州，張柬之于瀧州。

八月丙子，貶祝欽明爲申州刺史。

九月戊午，李懷遠薨。

十月癸巳，蘇瓌爲侍中。戊戌，至自東都。

十一月乙巳，大赦，賜行從官勳一轉。

十二月己卯，靈武軍大總管沙吒忠義及突厥戰于鳴沙，敗績。丙戌，以突厥寇邊、京師旱、河北水，減膳，罷土木工。蘇瓌存撫河北。丙申，魏元忠爲尚書左僕射。

景龍元年正月丙辰，以旱慮囚。

二月丙戌，復武氏廟、陵，置令、丞、守戶如昭陵。甲午，褒德廟、榮先陵置令、丞。

四月庚寅，赦雍州。

五月戊戌，右屯衞大將軍張仁亶爲朔方道行軍大總管，以備突厥。丙午，假鴻臚卿臧思言使于突厥，死之。以旱避正殿，減膳。

六月丁卯朔，日有食之。庚午，雨土于陝州。戊子，吐蕃及姚州蠻寇邊，姚巂道討擊使唐九徵敗之。

七月辛丑，皇太子以羽林千騎兵誅武三思，不克，死之。癸卯，大赦。壬戌，李嶠爲中書令。

八月丙戌，上尊號曰應天神龍皇帝，皇后曰順天翊聖皇后。魏元忠罷。

九月丁酉，吏部侍郎蕭至忠爲黄門侍郎，兵部尚書宗楚客，左衞將軍兼太府卿紀處訥：同中書門下三品。于惟謙罷。庚子，大赦，改元。賜文武官階、勳、爵。辛亥，楊再思爲中書令，韋巨源、紀處訥爲侍中。蘇瓌罷。

十月戊寅，殺習藝館內教蘇安恆。壬午，有彗星出于西方。

十二月乙丑朔，日有食之。丁丑，雨土。

二年二月癸未，有星隕于西南。庚寅，大赦，進五品以上母、妻封號一等，無妻者授其女，婦人八十以上版授郡、縣、鄉君。

七月癸巳，朔方道行軍大總管張仁亶同中書門下三品。丁酉，有星孛于胃、昴。

十一月庚申，西突厥寇邊，御史中丞馮嘉賓使于突厥，死之。己卯，大赦，賜酺三日。

癸未，安西都護牛師奬及西突厥戰于火燒城，死之。

是歲，皇后、妃、主、昭容賣官，行墨敕斜封。

三年二月己丑，及皇后幸玄武門，觀宮女拔河，爲宮市以嬉。壬寅，韋巨源爲尙書左僕射，楊再思爲右僕射：同中書門下三品。壬子，及皇后幸太常寺。

三月戊午，宗楚客爲中書令，蕭至忠守侍中，太府卿韋嗣立守兵部尙書、同中書門下三品。中書侍郎兼檢校吏部侍郎崔湜，守兵部侍郎趙彥昭爲中書侍郎：同中書門下平章事。戊寅，禮部尙書韋溫爲太子少保、同中書門下三品。太常少卿鄭愔守吏部侍郎、同中書門下平章事。

五月丙戌，貶崔湜爲襄州刺史，鄭愔江州司馬。

六月癸巳，太白晝見。庚子，以旱避正殿，減膳，撤樂。詔括天下圖籍。壬寅，慮囚。癸卯，楊再思薨。

七月丙辰，西突厥娑葛降。辛酉，許婦人非緣夫、子封者蔭其子孫。癸亥，慮囚。庚辰，澧水溢。

八月乙酉，李嶠同中書門下三品，特進韋安石爲侍中。壬辰，有星孛于紫宮。

九月戊辰，吏部尙書蘇瓌爲尙書左僕射、同中書門下三品。

十一月乙丑，有事于南郊，以皇后爲亞獻，大赦，賜文武官階、爵，入品者減考，免關內今歲賦，賜酺三日。甲戌，豆盧欽望薨。

十二月壬辰，前宋國公致仕唐休璟爲太子少師、同中書門下三品。甲午，如新豐温湯。甲辰，赦新豐，給復一年，賜從官勳一轉。乙巳，至自新豐。

四年正月丙寅，及皇后微行以觀燈，遂幸蕭至忠第。丁卯，微行以觀燈，幸韋安石、長寧公主第。己卯，如始平。

二月壬午，赦咸陽、始平，給復一年。癸未，至自始平。庚戌，及后、妃、公主觀三品以上拔河。

三月，以河源九曲予吐蕃。庚申，雨木冰，井溢。

五月辛酉，封嗣虢王邕爲汴王。丁卯，殺許州司兵參軍燕欽融。丁丑，剡縣地震。

六月，皇后及安樂公主、散騎常侍馬秦客反。壬午，皇帝崩，年五十五，謚曰孝和皇帝。天寶十三載，加謚大和大聖大昭孝皇帝。

贊曰：昔者孔子作春秋而亂臣賊子懼，其於弑君篡國之主，皆不黜絕之，豈以其盜而有之者，莫大之罪也，不沒其實，所以著其大惡而不隱歟？自司馬遷、班固皆作高后紀，呂氏雖非篡漢，而盜執其國政，遂不敢沒其實，豈其得聖人之意歟？抑亦偶合於春秋之法也。唐之舊史因之，列武后于本紀，蓋其所從來遠矣。

夫吉凶之於人，猶影響也，而爲善者得吉常多，其不幸而罹於凶者有矣；爲惡者未始不及於凶，其幸而免者亦時有焉。而小人之慮，遂以爲天道難知，爲善未必福，而爲惡未必禍也。武后之惡，不及於大戮，所謂幸免者也。至中宗韋氏，則禍不旋踵矣。然其親遭母后之難，而躬自蹈之，所謂下愚之不移者歟！

校勘記

〔一〕白澗府　本書卷七六武后傳作「白潤府」。

〔二〕突厥默啜寇靈州右鷹揚衞大將軍李多祚敗之　據通鑑卷二〇五載：延載元年「臘月甲戌，默啜寇靈州。室韋反，遣右鷹揚衞大將軍李多祚擊破之」。本書卷一一〇李多祚傳：「室韋及孫萬榮之叛，多祚與諸將進討。」是多祚所討系室韋而非突厥，此合兩事爲一，疑有脫誤。

〔三〕杜景佺溱州刺史　本書卷一一六杜景佺傳及舊書卷九〇杜景儉傳（即杜景佺）「溱州」均作「秦

州」。

〔四〕吐蕃寇涼州　「吐蕃」，本書卷九〇許欽明傳、通鑑卷二〇五均作「突厥」，舊書卷六則天紀、卷一九六上吐蕃傳均作「吐蕃」。

〔五〕陸元方罷司禮卿　據上文，陸元方於聖曆二年八月丁未爲鸞臺侍郎、同平章事。通鑑卷二〇六載，久視元年臘月，以忤旨「罷爲司禮卿」。是所罷者宰相職，非罷司禮卿。「罷」下疑脫「爲」字。

唐書卷五

本紀第五

睿宗　玄宗

睿宗玄眞大聖大興孝皇帝諱旦，高宗第八子也。始封殷王，領冀州大都督、單于大都護。長而温恭好學，通詁訓，工草隸書。徙封豫王，又封冀王，累遷右金吾衞大將軍、洛州牧。徙封相王，復封豫王。武后廢中宗，立爲皇帝，其改國號周，以爲皇嗣，居于東宮。中宗自房州還，復爲皇太子，武后封皇嗣爲相王，授太子右衞率。累遷右羽林衞大將軍、幷州牧、安北大都護、諸道元帥。中宗復位，進號安國相王。

景雲元年六月壬午，韋皇后弑中宗，矯詔立温王重茂爲皇太子。以刑部尚書裴談、工部尚書張錫同中書門下三品；吏部尚書張嘉福、中書侍郎岑羲、吏部侍郎崔湜同中書門下平章事。發諸府兵五萬屯京師，以韋温總知內外兵馬。甲申，乃發喪。又矯遺詔，自立爲皇太后。皇太子卽皇帝位，以睿宗參謀政事，大赦，改元曰唐隆。太后臨朝攝政，罷睿宗參謀政事，以爲太尉。封嗣雍王守禮爲邠王，壽春郡王成器宋王。丁亥，溫王妃陸氏爲皇后。壬辰，紀處訥、張嘉福、岑羲持節巡撫關內、河南北。

庚子，臨淄郡王隆基率萬騎兵入北軍討亂，誅韋氏、安樂公主及韋巨源、馬秦客、駙馬都尉武延秀、光祿少卿楊均。辛丑，睿宗奉皇帝御安福門，大赦。賜文武官階、勳、爵，免天下歲租之半。進封隆基爲平王。朝邑尉劉幽求爲中書舍人，苑總監鍾紹京爲中書侍郎：參知機務。壬寅，紹京及黃門侍郎李日知同中書門下三品。紀處訥、韋溫、宗楚客、將作大匠宗晉卿、司農卿趙履溫伏誅。貶汴王邕爲沁州刺史，蕭至忠許州刺史，韋嗣立宋州刺史，趙彥昭絳州刺史，崔湜華州刺史。癸卯，太白晝見。平王隆基同中書門下三品，鍾紹京行中書令。張嘉福伏誅。

甲辰，安國相王卽皇帝位于承天門，大赦，長流、長任及流人未達者還之。賜內外官階、爵。復重茂爲溫王。乙巳，鍾紹京罷。丙午，太常少卿薛稷爲黃門侍郎，參豫機務。丁未，立平王隆基爲皇太子。復則天大聖皇后號曰天后。戊申，許州刺史姚元之爲兵部尚書、同中書門下三品。韋嗣立、蕭至忠爲中書令，趙彥昭爲中書侍郎，崔湜爲吏部侍郎：同中書門下平章事。

七月庚戌，進封衡陽郡王成義爲申王，巴陵郡王隆範岐王，彭城郡王隆業薛王。癸丑，兵部尚書崔日用爲黃門侍郎，參豫機務。丁巳，洛州長史宋璟檢校吏部尚書、同中書門下三品。岑羲罷。壬戌，貶蕭至忠爲晉州刺史，韋嗣立許州刺史，趙彥昭宋州刺史，張錫絳州刺史。崔湜罷。丙寅，貶李嶠爲懷州刺史。姚元之兼中書令，蘇瓌爲尚書左僕射。丁卯，唐休璟、張仁亶罷。己巳，大赦，改元，賜內外官及子爲父後者勳一轉。崔日用、薛稷罷。乙亥，廢崇恩廟、昊陵、順陵。追廢皇后韋氏爲庶人，安樂公主爲勃逆庶人。

八月庚寅，譙王重福及汴州刺史鄭愔反，伏誅。癸巳，罷墨敕斜封官。貶裴談爲蒲州刺史。

九月辛未，太子少師致仕唐休璟爲朔方道行軍大總管，以備突厥。

十月乙未，追號天后曰大聖天后。癸卯，出義宗于太廟。

十一月戊申，姚元之爲中書令。己酉，葬孝和皇帝于定陵。壬子，蘇瓌、韋安石罷。宋王成器爲尚書左僕射。丁卯，赦靈駕所過。己巳，宋王成器爲司徒。

二年正月己未，太僕卿郭元振、中書侍郎張說同中書門下平章事。甲子，徙封重茂爲襄王。乙丑，追册妃劉氏、竇氏爲皇后。

二月丁丑，皇太子監國。甲申，貶姚元之爲申州刺史，宋璟楚州刺史。丙戌，太子少保韋安石爲侍中。劉幽求罷。復墨敕斜封官。辛卯，禁屠。

三月癸丑，作金仙、玉眞觀。

四月甲申，韋安石爲中書令。宋王成器罷。辛卯，李日知爲侍中。壬寅，大赦，賜文武官階、勳、爵，民酺三日。甲辰，作玄元皇帝廟。

五月庚戌，復昊陵、順陵，置官屬。壬戌，殿中監竇懷貞爲左御史臺大夫、同中書門下平章事。

八月乙卯，大赦，賜酺三日。丁巳，皇太子釋奠于國學。庚午，韋安石爲尚書左僕射、同中書門下三品。

九月乙亥，竇懷貞爲侍中。

十月甲辰，吏部尚書劉幽求爲侍中，右散騎常侍魏知古，太子詹事崔湜爲中書侍郎：同中書門下三品；中書侍郎陸象先同中書門下平章事。韋安石、李日知、郭元振、竇懷貞、張說罷。

十二月丁未，作潑寒胡戲。

先天元年正月辛未，享于太廟。甲戌，并、汾、絳三州地震。辛巳，有事于南郊。戊子，耕籍田。己丑，大赦，改元曰太極。賜內外官階、爵，民酺五日。版授九十以上下州刺史，八十以上上州司馬。辛卯，幸安福門，觀酺三日夜。壬辰，陸象先同中書門下三品。乙未，戶部尚書岑羲、左御史臺大夫竇懷貞同中書門下三品。

二月丁巳，皇太子釋奠于國學。

是春，旱。

五月戊寅，有事于北郊。辛巳，大赦，改元曰延和。賜內外官陪禮者勳一轉，民酺五日。

六月癸丑，岑羲爲侍中。乙卯，追號大聖天后爲天后聖帝。辛酉，刑部尚書郭元振爲朔方道行軍大總管，以伐突厥。甲子，幽州都督孫佺、左驍衞將軍李楷洛、左威衞將軍周以悌及奚戰于冷陘山，敗績。

七月辛未，有彗星入于太微。兵部尚書李迥秀爲朔方道後軍大總管。乙亥，竇懷貞爲尚書右僕射、平章軍國重事。己卯，幸安福門觀樂，三日而止。丙戌，以旱減膳。

八月庚子，立皇太子爲皇帝，以聽小事；自尊爲太上皇，以聽大事。壬寅，追號天后聖帝爲聖后。甲辰，大赦，改元，賜內外官及五品以上子爲父後者勳、爵，民酺五日。丁未，立皇太子妃王氏爲皇后。戊申，封皇帝子嗣直爲郯王，嗣謙郢王。己酉，宋王成器爲司徒。庚戌，竇懷貞爲尙書左僕射，劉幽求守尙書右僕射：同中書門下三品；魏知古爲侍中，崔湜檢校中書令。戊午，流劉幽求于封州。

九月丁卯朔，日有食之。甲午，封皇帝子嗣昇爲陝王。

十月辛卯，獵于驪山。

十一月丁亥，誥遣皇帝巡邊。甲午，幽州都督宋璟爲左軍大總管，并州長史薛訥爲中軍大總管，兵部尙書郭元振爲右軍大總管。

二年正月乙亥，吏部尙書蕭至忠爲中書令。

二月，追作先天元年酺。

六月辛丑，以雨霖避正殿，減膳。丙辰，郭元振同中書門下三品。

七月甲子，大赦。乙丑，誥歸政于皇帝。

開元四年六月，崩于百福殿，年五十五，謚曰大聖眞皇帝。天寶十三載，增謚玄眞大聖大興孝皇帝。

玄宗至道大聖大明孝皇帝諱隆基，睿宗第三子也。母曰昭成皇后竇氏。性英武，善騎射，通音律、曆象之學。始封楚王，後爲臨淄郡王。累遷衞尉少卿、潞州別駕。

景龍四年，朝于京師，遂留不遣。庶人韋氏已弒中宗，矯詔稱制。玄宗乃與太平公主子薛崇簡、尙衣奉御王崇曄、公主府典籤王師虔、朝邑尉劉幽求、苑總監鍾紹京、長上折衝麻嗣宗、押萬騎果毅葛福順李仙鳧、道士馮處澄、僧普潤定策討亂。或請先啓相王，玄宗曰：「請而從，是王與危事；不從，則吾計失矣。」乃夜率幽求等入苑中，福順、仙鳧以萬騎兵攻玄武門，斬左羽林將軍韋播、中郎將高嵩以徇。左萬騎由左入，右萬騎由右入，玄宗率總監羽林兵會兩儀殿，梓宮宿衞兵皆起應之，遂誅韋氏。黎明，馳謁相王，謝不先啓。相王泣曰：「賴汝以免，不然，吾且及難。」乃拜玄宗殿中監，兼知內外閑廄、檢校隴右羣牧大使，押左右萬騎，進封平王，同中書門下三品。

睿宗卽位，立爲皇太子。景雲二年，監國，聽除六品以下官。延和元年，星官言：「帝坐前星有變。」睿宗曰：「傳德避災，吾意決矣。」七月壬辰，制皇太子宜卽皇帝位。太子惶懼入請，睿宗曰：「此吾所以答天戒也。」皇太子乃御武德殿，除三品以下官。八月庚子，卽皇帝位。先天元年十月庚子，享于太廟，大赦。

開元元年正月辛巳，皇后親蠶。

七月甲子，太平公主及岑義、蕭至忠、竇懷貞謀反，伏誅。乙丑，始聽政。丁卯，大赦，賜文武官階、爵。庚午，流崔湜于竇州。甲戌，毀天樞。乙亥，尙書右丞張說檢校中書令。庚辰，陸象先罷。

八月癸巳，劉幽求爲尙書右僕射，知軍國大事。壬寅，宋王成器爲太尉，申王成義爲司徒，邠王守禮爲司空。

九月丙寅，宋王成器罷。庚午，劉幽求同中書門下三品，張說爲中書令。

十月，姚嶲蠻寇姚州，都督李蒙死之。己亥，幸溫湯。癸卯，講武于驪山。流郭元振于新州，給事中唐紹伏誅。免新豐來歲稅，賜從官帛。甲辰，獵于渭川。同州刺史姚元之爲兵部尙書、同中書門下三品。乙巳，至自渭川。

十一月乙丑，劉幽求兼侍中。戊子，羣臣上尊號曰開元神武皇帝。

十二月庚寅，大赦，改元，賜內外官勳。改中書省爲紫微省，門下省爲黃門省，侍中爲監。甲午，吐蕃請和。己亥，禁潑寒胡戲。壬寅，姚崇兼紫微令。癸丑，劉幽求罷。貶張說爲相州刺史。甲寅，黃門侍郎盧懷愼同紫微黃門平章事。

二年正月壬午，以關內旱，求直諫，停不急之務，寬繫囚，祠名山大川，葬暴骸。甲申，并州節度大使薛訥同紫微黃門三品，以伐契丹。

二月壬辰，避正殿，減膳，徹樂。突厥寇北庭，都護郭虔瓘敗之。己酉，慮囚。

三月己亥，磧西節度使阿史那獻執西突厥都擔。

四月辛未，停諸陵供奉鷹犬。

五月辛亥，魏知古罷。

六月，京師大風拔木。甲子，以太上皇避暑，徙御大明宮。

七月乙未，焚錦繡珠玉于前殿。戊戌，禁采珠玉及爲刻鏤器玩、珠繩帖縚服者，廢織錦坊。庚子，薛訥及奚、契丹戰于灤河，敗績。丁未，襄王重茂薨，追册爲皇帝。

八月壬戌，禁女樂。乙亥，吐蕃寇邊，薛訥攝左羽林軍將軍，爲隴右防禦大使，右驍衞將軍郭知運爲副，以伐之。

九月庚寅，作興慶宮。丁酉，宴京師侍老于含元殿庭，賜九十以上几、杖，八十以上鳩杖，婦人亦如之，賜於其家。戊申，幸温湯。

十月戊午，至自温湯。甲子，薛訥及吐蕃戰于武階，敗之。

十二月乙丑，封子嗣眞爲鄶王，嗣初鄂王，嗣玄郵王。

三年正月丁亥，立郢王嗣謙爲皇太子。降死罪，流以下原之。賜酺三日。癸卯，盧懷慎檢校黃門監。

二月辛酉，赦囚非惡逆、造僞者。

四月庚申，突厥部三姓葛邏祿來附。右羽林軍大將軍薛訥爲涼州鎭軍大總管〔一〕，涼州都督楊執一副之；右衞大將軍郭虔瓘爲朔州鎭軍大總管，并州長史王晙副之：以備突厥。

五月丁未，以旱錄京師囚。戊申，避正殿，減膳。

七月庚辰朔，日有食之。

十月辛酉，嶲州蠻寇邊，右驍衞將軍李玄道伐之。壬戌，薛訥爲朔方道行軍大總管，太僕卿呂延祚、靈州刺史杜賓客副之。癸亥，如鄠，赦所過徒罪以下，賜侍老九十以上及篤疾者物。甲子，如鳳泉湯。戊辰，降大理繫囚罪。

十一月己卯，至自鳳泉湯。乙酉，幸温湯。丁亥，相州人崔子嵒反，伏誅。甲午，至自温湯。乙未，禁白衣長髮會。

十二月乙丑，降鳳泉湯所過死罪以下。

四年正月戊寅，朝太上皇于西宮。

二月丙辰，幸溫湯。辛酉，吐蕃寇松州，廓州刺史蓋思貴伐之。丁卯，至自溫湯。癸酉，松州都督孫仁獻及吐蕃戰，敗之。

六月甲子，太上皇崩。辛未，京師、華陜二州大風拔木。癸酉，大武軍子將郝靈佺殺突厥默啜。

七月丁丑，吐蕃請和。丁酉，洛水溢。

八月辛未，奚、契丹降。

十月庚午，葬大聖眞皇帝于橋陵。

十一月己卯，盧懷愼罷。丁亥，遷中宗于西廟。丙申，尙書左丞源乾曜爲黃門侍郎、同紫微黃門平章事。

十二月乙卯，定陵寢殿火。丙辰，幸溫湯。乙丑，至自溫湯。

閏月己亥，姚崇、源乾曜罷。刑部尙書宋璟爲吏部尙書兼黃門監，紫微侍郎蘇頲同紫微黃門平章事。

五年正月癸卯，太廟四室壞，遷神主于太極殿，素服避正殿，輟視朝五日。己酉，享于太極殿。辛亥，如東都。戊辰，大霧。

二月甲戌，大赦，賜從官帛，給復河南一年，免河南北蝗、水州今歲租。

三月丙寅，吐蕃請和。

四月甲申，毀拜洛受圖壇。己丑，子嗣一卒。

五月丙辰，詔公侯子孫襲封。

七月壬寅，隴右節度使郭知運及吐蕃戰，敗之。

九月壬寅，復紫微省爲中書省，黄門省爲門下省，監爲侍中。

十月戊寅，祔神主于太廟。甲申，命史官月奏所行事。

六年正月辛丑，突厥請和。

二月壬辰，朔方道行軍大總管王晙伐突厥。

六月甲申，瀍水溢。

八月庚辰，以旱慮囚。

十月癸亥，賜河南府、懷汝鄭三州父老帛。

十一月辛卯，至自東都。丙申，享于太廟。元皇帝以上三祖枝孫失官者授五品京官，皇祖妣家子孫在選者甄擇之。免知頓及旁州供承者一歲租稅。乙巳，改傳國璽曰「寶」。是月，突厥執單于副都護張知運。

七年五月己丑朔，日有食之，素服，徹樂，減膳，中書門下慮囚。

六月戊辰，吐蕃請和。

閏七月辛巳，以旱避正殿，徹樂，減膳。甲申，慮囚。八月丙戌，慮囚。

九月甲戌，徙封宋王憲爲寧王。

十月，作義宗廟于東都。辛卯，幸温湯。癸卯，至自温湯。

十一月乙亥，皇太子入學齒胄，賜陪位官及學生帛。

八年正月辛巳，宋璟、蘇頲罷。京兆尹源乾曜爲黄門侍郎，并州大都督府長史張嘉貞爲中書侍郎：同中書門下平章事。

二月戊戌，子敏卒。

三月甲子，免水旱州逋負，給復四鎮行人家一年。

五月丁卯，源乾曜爲侍中，張嘉貞爲中書令。

六月庚寅，洛、瀍、穀水溢。

九月，突厥寇甘、涼，涼州都督楊敬述及突厥戰，敗績〔二〕。丙寅，降京城囚罪，杖以下原之。壬申，契丹寇邊，王晙檢校幽州都督、節度河北諸軍大使，黃門侍郎韋抗爲朔方道行軍大總管，以伐之。甲戌，中書門下慮囚。

十月辛巳，如長春宮。壬午，獵于下邽。庚寅，幸溫湯。十一月乙卯，至自溫湯。

九年正月，括田。丙寅，幸溫湯。乙亥，至自溫湯。

二月丙戌，突厥請和。丁亥，免天下七年以前逋負。

四月庚寅，蘭池胡康待賓寇邊。

五月庚午，原見囚死、流罪隨軍効力、徒以下未發者。

七月己酉，王晙執康待賓。

八月，蘭池胡康願子寇邊。

九月乙巳朔，日有食之。癸亥，天兵軍節度大使張說爲兵部尚書、同中書門下三品。

十一月庚午，大赦，賜文武官階、爵，唐隆、先天實封功臣坐事免若死者加贈，賜民酺三日。

十二月乙酉，幸温湯。壬辰，至自温湯。

是冬，無雪。

十年正月丁巳，如東都。

二月丁丑，次望春頓，賜從官帛。

四月己亥，張說持節朔方軍節度大使。

五月戊午，突厥請和。辛酉，伊、汝水溢。

閏月壬申，張說巡邊。

六月丁巳，河決博、棣二州。

七月庚辰，給復澧水州。丙戌，安南人梅叔鸞反，伏誅。

九月，張說敗康願子于木盤山，執之。己卯，京兆人權梁山反，伏誅。癸未，吐蕃攻小勃律，北庭節度使張孝嵩敗之。

十月甲寅，如興泰宮，獵于上宜川。庚申，如東都。

十二月，突厥請和。

十一年正月丁卯，降東都囚罪，杖以下原之。己巳，如幷州，降囚罪，徒以下原之。賜侍老物。庚辰，次潞州，赦囚，給復五年，以故第爲飛龍宮。辛卯，次幷州，改幷州爲北都。癸巳，赦太原府，給復一年，下戶三年，元從家五年。版授侍老八十以上上縣令，婦人縣君；九十以上上州長史，婦人郡君；百歲以上上州刺史，婦人郡夫人。

二月己酉，貶張嘉貞爲幽州刺史。壬子，如汾陰，祠后土，賜文武官階、勳、爵、帛。癸亥，張說兼中書令。

三月辛未，至自汾陰，免所過今歲稅，赦京城。

四月甲子，張說爲中書令。吏部尚書王晙爲兵部尚書、同中書門下三品。

五月乙丑，復中宗于太廟。己丑，王晙持節朔方軍節度大使。辛卯，遣使分巡天下。

六月，王晙巡邊。

八月戊申，追號宣皇帝曰獻祖，光皇帝曰懿祖。

十月丁酉，幸溫湯，作溫泉宮。甲寅，至自溫湯。

十一月戊寅，有事于南郊，大赦。賜奉祠官階、勳、爵，親王公主一子官，高年粟帛，孝子順孫終身勿事。天下酺三日，京城五日。

十二月甲午，如鳳泉湯。戊申，至自鳳泉湯。庚申，貶王晙爲蘄州刺史。

十二年四月壬寅，詔傍繼國王禮當廢而屬近者封郡王。

七月己卯，廢皇后王氏爲庶人。十月，庶人王氏卒。

十一月庚午，如東都。庚辰，溪州首領覃行章反，伏誅。辛巳，申王撝薨。

閏十二月丙辰朔，日有食之。

十三年正月戊子，降死罪，流以下原之。遣使宣慰天下。壬子，葬朔方隴右河西戰亡者。

三月甲午，徙封郯王潭爲慶王，陜王浚忠王，鄫王洽棣王，鄄王涺榮王。封子滉爲光王，濰儀王，澐潁王，澤永王，淸壽王，洄延王，沐盛王，溢濟王。

九月丙戌，罷奏祥瑞。

十月辛酉，如兗州。庚午，次濮州，賜河南、北五百里內父老帛。

十一月庚寅，封于泰山。辛卯，禪于社首。壬辰，大赦。賜文武官階、勳、爵，致仕官一季祿，公主、嗣王、郡縣主一子官，諸蕃酋長來會者一官。免所過一歲、兗州二歲租。賜天下酺七日。丙申，幸孔子宅，遣使以太牢祭其墓，給復近墓五戶。丁酉，賜徐、曹、亳、許、仙、豫六州父老帛。

十二月己巳，如東都。

十四年二月，邕州獠梁大海反，伏誅。

四月丁巳，戶部侍郎李元紘爲中書侍郎、同中書門下平章事。庚申，張說罷。丁卯，岐王範薨。

六月戊午，東都大風拔木。壬戌，詔州縣長官言事。

七月癸未，瀍水溢。

八月丙午，河決魏州。

九月己丑，磧西節度使杜暹檢校黃門侍郎、同中書門下平章事。

十月甲寅，太白晝見。庚申，如廣成湯。己巳，如東都。

十二月丁巳，獵于方秀川。

十五年正月辛丑，河西、隴右節度使王君㚟及吐蕃戰于青海，敗之。

七月甲戌，震興教門觀，災。庚寅，洛水溢。己亥，降都城囚罪，徒以下原之。

八月，澗、穀溢，毁澠池縣。己巳，降天下死罪，嶺南邊州流人，徒以下原之。

九月丙子，吐蕃寇瓜州，執刺史田元獻。

閏月庚子，寇安西，副大都護趙頤貞敗之。庚申，回紇襲甘州，王君㚟死之。

十月己卯，至自東都。

十一月丁卯，獵于城南。

十二月乙亥，幸温泉宮。丙戌，至自温泉宮。

十六年正月壬寅，趙頤貞及吐蕃戰于曲子城，敗之。乙卯，瀧州首領陳行範反，伏誅。庚申，許徒以下囚保任營農。三月辛丑，免營農囚罪。

七月，吐蕃寇瓜州，刺史張守珪敗之。乙巳，隴右節度使張志亮、河西節度使蕭嵩克吐蕃大莫門城。八月辛卯，及吐蕃戰于祁連城，敗之。

九月丙午，以久雨降囚罪，徒以下原之。

十月己卯，幸温泉宮。己丑，至自温泉宮。

十一月癸巳，蕭嵩爲兵部尚書、同中書門下平章事。甲辰，弛陂澤禁。戊申，幸寧王憲第。庚戌，至自寧王憲第。

十二月丁卯，幸溫泉宮。丁丑，至自溫泉宮。

十七年二月丁卯，嶲州都督張審素克雲南昆明城、鹽城。

三月戊戌，張守珪及吐蕃戰于大同軍，敗之。

四月癸亥，降死罪，流以下原之。乙亥，大風，震，藍田山崩。

六月甲戌，源乾曜、杜暹、李元紘罷。蕭嵩兼中書令。戶部侍郎宇文融爲黃門侍郎，兵部侍郎裴光庭爲中書侍郎：同中書門下平章事。

九月壬子，貶宇文融爲汝州刺史。

十月戊午朔，日有食之。

十一月庚寅，享于太廟。丙申，拜橋陵，赦奉先縣。戊戌，拜定陵。己亥，拜獻陵。壬寅，拜昭陵。乙巳，拜乾陵。戊申，至自乾陵，大赦。免今歲稅之半。賜文武官階、爵，侍老帛。旌表孝子順孫、義夫節婦，終身勿事。唐隆兩營立功三品以上予一子官。免供頓縣今歲稅。賜諸軍行人勳兩轉。

十二月辛酉，幸溫泉宮。壬申，至自溫泉宮。

是冬，無雪。

十八年正月辛卯，裴光庭爲侍中。

二月丙寅，大雨，雷震左飛龍廄，災。辛未，免囚罪杖以下。

四月乙卯，築京師外郭。

五月己酉，奚、契丹附于突厥。

六月甲子，有彗星出于五車。癸酉，有星孛于畢、昴。乙亥，瀍水溢。丙子，忠王浚爲河北道行軍元帥。壬午，洛水溢。

九月丁巳，忠王浚兼河東道諸軍元帥。

十月戊子，吐蕃請和。庚寅，如鳳泉湯。癸卯，至自鳳泉湯。

十一月丁卯，幸温泉宮。丁丑，至自温泉宮。

十九年正月，殺瀼州別駕王毛仲。丙子，耕于興慶宮。己卯，禁捕鯉魚。

四月壬午，降死罪以下。丙申，立太公廟。

六月乙酉，大風拔木。

七月癸丑，吐蕃請和。

八月辛巳，以千秋節降死罪，流以下原之。

十月丙申，如東都。十一月乙卯，次洛城南，賜從官帛。

是歲，揚州穭稻生。

二十年正月乙卯，信安郡王禕爲河東、河北道行軍副元帥，以伐奚、契丹。

二月甲戌朔，日有食之。壬午，降囚罪，徒以下原之。

三月己巳，信安郡王禕及奚、契丹戰于薊州，敗之。

五月戊申，忠王浚俘奚、契丹以獻。

六月丁丑，浚爲司徒。

八月辛未朔，日有食之。

九月乙巳，渤海靺鞨寇登州，刺史韋俊死之，左領軍衞將軍蓋福愼伐之。戊辰，以宋、滑、兗、鄆四州水，免今歲稅。

十月壬午，如潞州。丙戌，中書門下慮巡幸所過囚。辛卯，赦潞州，給復三年，賜高年粟帛。

十一月辛丑，如北都。癸丑，赦北都，給復三年。庚申，如汾陰，祠后土，大赦。免供頓州今歲稅。賜文武官階、勳、爵，諸州侍老帛，武德以來功臣後及唐隆功臣三品以上一子官。民酺三日。

十二月辛未，至自汾陰。

二十一年正月丁巳，幸温泉宮。二月丁亥，至自温泉宮。

三月乙巳，裴光庭薨。甲寅，尚書右丞韓休爲黃門侍郎、同中書門下平章事。

閏月癸酉，幽州副總管郭英傑及契丹戰于都山，英傑死之。

四月乙卯，遣宣慰使黜陟官吏，決繫囚。丁巳，寧王憲爲太尉，薛王業爲司徒。

五月戊子，以皇太子納妃，降死罪，流以下原之。

七月乙丑朔，日有食之。

九月壬午，封子沔爲信王，泚義王，漼陳王，澄豐王，潓恆王，漩涼王，滔深王。

十月庚戌，幸温泉宮。己未，至自温泉宮。

十二月丁巳，蕭嵩、韓休罷。京兆尹裴耀卿爲黃門侍郎，中書侍郎張九齡：同中書門下平章事。

二十二年正月己巳，如東都。

二月壬寅，秦州地震，給復壓死者家一年，三人者三年。

四月甲辰，降死罪以下。甲寅，北庭都護劉涣謀反，伏誅。

五月戊子，裴耀卿爲侍中，張九齡爲中書令，黄門侍郎李林甫爲禮部尚書、同中書門下三品。是日，大風拔木。

六月壬辰，幽州節度使張守珪俘奚、契丹以獻。

七月己巳，薛王業薨。

十一月甲戌，免關內、河南八等以下戶田不百畝者今歲租。

十二月戊子朔，日有食之。乙巳，張守珪及契丹戰，敗之，殺其王屈烈。

二十三年正月乙亥，耕藉田。大赦。侍老百歲以上版授上州刺史，九十以上中州刺史，八十以上上州司馬。賜陪位官勳、爵。征防兵父母年七十者遣還。民酺三日。

八月戊子，免鰥寡惸獨今歲稅米。

十月戊申，突騎施寇邊。

閏十一月壬午朔，日有食之。

是冬，東都人劉普會反，伏誅。

二十四年正月丙午，北庭都護蓋嘉運及突騎施戰，敗之。

四月丁丑，降死罪以下。

五月丙午，醴泉人劉志誠反，伏誅。

八月甲寅，突騎施請和。乙亥，汴王璥薨。

十月戊申，京師地震。甲子，次華州，免供頓州今歲稅，賜刺史、縣令中上考。降兩京死罪，流以下原之。丁卯，至自東都。

十一月辛丑，東都地震。壬寅，裴耀卿、張九齡罷。李林甫兼中書令，朔方軍節度副大使牛仙客爲工部尙書、同中書門下三品。

十二月戊申，慶王琮爲司徒。

二十五年三月乙酉，張守珪及契丹戰于捺祿山，敗之。辛卯，河西節度副大使崔希逸及吐蕃戰于青海，敗之。

四月辛酉，殺監察御史周子諒。乙丑，廢皇太子瑛及鄂王瑤、光王琚爲庶人，皆殺之。

十一月壬申，幸温泉宮。乙酉，至自温泉宮。

十二月丙午，惠妃武氏薨。丁巳，追册爲皇后。

二十六年正月甲戌，潮州刺史陳思挺謀反，伏誅。乙亥，牛仙客爲侍中。丁丑，迎氣于東郊。降死罪，流以下原之，以京兆稻田給貧民，禁王公獻珍物，賜文武官帛。壬辰，李林甫兼隴右節度副大使。

二月乙卯，牛仙客兼河東節度副大使。

三月丙子，有星孛于紫微。癸巳，京師地震。吐蕃寇河西，崔希逸敗之，鄯州都督杜希望克其新城。

四月己亥，有司讀時令。降死罪，流以下原之。

五月乙酉，李林甫兼河西節度副大使。

六月庚子，立忠王璵爲皇太子。

七月己巳，大赦。賜文武九品以上及五品以上子爲父後者勳一轉，侍老粟帛，加版授。免京畿下戶今歲租之半。賜民酺三日。

九月丙申朔，日有食之。庚子，益州長史王昱及吐蕃戰于安戎城，敗績。

十月戊寅，幸温泉宫。壬辰，至自温泉宫。

二十七年正月壬寅，榮王琬巡按隴右。

二月己巳，羣臣上尊號曰開元聖文神武皇帝，大赦。免今歲稅。賜文武官階、爵。版授侍老百歲以上下州刺史，婦人郡君；九十以上上州司馬，婦人縣君；八十以上縣令，婦人鄉君。賜民酺五日。

八月乙亥，磧西節度使蓋嘉運敗突騎施于賀邏嶺，執其可汗吐火仙。壬午，吐蕃寇邊，河西、隴右節度使蕭炅敗之。

十月丙戌，幸温泉宫。十一月辛丑，至自温泉宫。

二十八年正月癸巳，幸温泉宫。庚子，至自温泉宫。

三月丁亥朔，日有食之。壬子，益州司馬章仇兼瓊敗吐蕃，克安戎城。

五月癸卯，吐蕃寇安戎城，兼瓊又敗之。

十月甲子，幸温泉宫。以壽王妃楊氏爲道士，號太眞。戊辰，以徐、泗二州無蠶，免今歲稅。

辛巳，至自温泉宫。

十一月，牛仙客罷朔方、河東節度副大使。

二十九年正月癸巳，幸温泉宮。丁酉，立玄元皇帝廟，禁厚葬。庚子，至自温泉宮。

五月庚戌，求明道德經及莊、列、文子者。降死罪，流以下原之。

七月乙亥，伊、洛溢。

九月丁卯，大雨雪。

十月丙申，幸温泉宮。戊戌，遣使黜陟官吏。

十一月庚戌，邠王守禮薨。辛酉，至自温泉宮。己巳，雨木冰。辛未，寧王憲薨，追册爲皇帝，及其妃元氏爲皇后。

十二月癸未，吐蕃陷石堡城。

天寶元年正月丁未，大赦，改元。詔京文武官材堪刺史者自舉。賜侍老八十以上粟帛，九品以上勳兩轉。甲寅，陳王府參軍田同秀言：「玄元皇帝降于丹鳳門通衢。」

二月丁亥，羣臣上尊號曰開元天寶聖文神武皇帝。辛卯，享玄元皇帝于新廟。甲午，享于太廟。丙申，合祭天地于南郊，大赦。侍老加版授，賜文武官階、爵。改侍中爲左相，中書令爲右相，東都爲東京，北都爲北京，州爲郡，刺史爲太守。
七月癸卯朔，日有食之。辛未，牛仙客薨。
八月丁丑，刑部尚書李適之爲左相。
十月丁酉，幸温泉宮。十一月己巳，至自温泉宮。
十二月戊戌，隴右節度使皇甫惟明及吐蕃戰于青海，敗之。庚子，河西節度使王倕克吐蕃漁海、遊弈軍。朔方軍節度使王忠嗣及奚戰于紫乾河，敗之，遂伐突厥。
是冬，無冰。

二年正月乙卯，作昇仙宮。丙辰，加號玄元皇帝曰大聖祖。
三月壬子，享于玄元宮，追號大聖祖父周上御大夫敬曰先天太皇，咎繇曰德明皇帝，涼武昭王曰興聖皇帝。改西京玄元宮曰太淸宮，東京曰太微宮。
四月己卯，皇甫惟明克吐蕃洪濟城。
六月甲戌，震東京應天門觀，災。
十月戊寅，幸温泉宮。十一月乙卯，至自温泉宮。
十二月壬午，海賊吳令光寇永嘉郡。

是冬，無雪。

三載正月丙申，改年爲載。降死罪，流以下原之。辛丑，幸溫泉宮。辛亥，有星隕于東南。

二月庚午，至自溫泉宮。丁丑，河南尹裴敦復、晉陵郡太守劉同昇、南海郡太守劉巨鱗討吳令光。閏月，令光伏誅。

三月壬申，降死罪，流以下原之。

八月丙午，拔悉蜜攻突厥，殺烏蘇米施可汗，來獻其首。

十月甲午，幸溫泉宮。十一月丁卯，至自溫泉宮。

十二月癸丑，祠九宮貴神于東郊，大赦。詔天下家藏孝經。賜文武官階、爵，侍老粟帛，民酺三日。

四載正月丙戌，王忠嗣及突厥戰于薩河內山，敗之。

三月壬申，以外孫獨孤氏女爲靜樂公主，嫁于契丹松漠都督李懷節；楊氏女爲宜芳公主，嫁于奚饒樂都督李延寵。

八月壬寅，立太眞爲貴妃。

九月，契丹、奚皆殺其公主以叛。甲申，皇甫惟明及吐蕃戰于石堡城，副將褚詡死之。

十月戊戌，幸溫泉宮。十二月戊戌，至自溫泉宮。

五載正月乙亥，停六品以下員外官。

三月丙子，遣使黜陟官吏。

四月庚寅，李適之罷。丁酉，門下侍郎陳希烈同中書門下平章事。

五月壬子朔，日有食之。

七月，殺括蒼郡太守韋堅、播川郡太守皇甫惟明。

十月戊戌，幸溫泉宮。十一月乙巳，至自溫泉宮。

十二月甲戌，殺贊善大夫杜有鄰、著作郎王曾、左驍衞兵曹參軍柳勣、左司禦率府倉曹參軍王脩己、右武衞司戈盧寧、左威衞參軍徐徵。

六載正月辛巳，殺北海郡太守李邕、淄川郡太守裴敦復。丁亥，享于太廟。戊子，有事于南郊，大赦，流人老者許致仕，停立仗鋌。賜文武官階、爵，侍老粟帛，民酺三日。

三月甲辰，陳希烈爲左相。

七月乙酉，以旱降死罪，流以下原之。

十月戊申，幸華清宮。

十一月丁酉，殺戶部侍郎楊愼矜及其弟少府少監愼餘、洛陽令愼名。

十二月癸丑，至自華清宮。

是歲，安西副都護高仙芝及小勃律國戰，敗之。

七載五月壬午，羣臣上尊號曰開元天寶聖文神武應道皇帝，大赦，免來載租、庸。以魏、周、隋爲三恪。賜京城父老物人十段。七十以上版授本縣令，婦人縣君；六十以上縣丞。天下侍老百歲以上上郡太守，婦人郡君；九十以上上郡司馬，婦人縣君；八十以上縣令，婦人鄉君。賜文武官勳兩轉，民酺三日。

十月庚戌，幸華清宮。十二月辛酉，至自華清宮。

八載四月，殺咸寧郡太守趙奉璋。

六月乙卯，隴右節度使哥舒翰及吐蕃戰于石堡城，敗之。

閏月丙寅，謁太淸宮，加上玄元皇帝號曰聖祖大道玄元皇帝，增祖宗帝后謚。羣臣上尊號曰開元天地大寶聖文神武應道皇帝，大赦，男子七十、婦人七十五以上皆給一子侍，賜文武官階、爵，民爲戶者古爵，酺三日。

十月乙丑，幸華淸宮。是月，特進何履光率十道兵以伐雲南。

十一月丁巳，幸御史中丞楊釗莊。

九載正月己亥，至自華淸宮。丁巳，詔以十一月封華嶽。

三月辛亥，華嶽廟災，關內旱，乃停封。

五月庚寅，慮囚。

九月辛卯，以商、周、漢爲三恪。

十月庚申，幸華淸宮。太白山人王玄翼言：「玄元皇帝降于寶仙洞。」

十二月乙亥，至自華淸宮。

是歲，雲南蠻陷雲南郡，都督張虔陀死之。

十載正月壬辰，朝獻于太淸宮。癸巳，朝享于太廟。甲午，有事于南郊，大赦，賜侍老粟帛，酺三日。丁酉，李林甫兼朔方軍節度副大使、安北副大都護。己亥，改傳國寶爲「承天大寶」。戊申，安西四鎭節度使高仙芝執突騎施可汗及石國王。

四月壬午，劍南節度使鮮于仲通及雲南蠻戰于西洱河，大敗績，大將王天運死之，陷雲南都護府。

七月，高仙芝及大食戰于恆邏斯城，敗績。

八月，范陽節度副大使安祿山及契丹戰于吐護眞河，敗績。乙卯，廣陵海溢。丙辰，武庫災。

十月壬子，幸華清宮。

十一月乙未，幸楊國忠第。

十一載正月丁亥，至自華清宮。

二月庚午，突厥部落阿布思寇邊。

三月乙巳，改尙書省八部名。

四月乙酉，戶部郎中王銲、京兆人邢縡謀反，伏誅。丙戌，殺御史大夫王鉷。李林甫罷安北副大都護。

五月戊申，慶王琮薨。甲子，東京大風拔木。
六月壬午，御史大夫兼劍南節度使楊國忠敗吐蕃于雲南，克故洪城。
十月戊寅，幸華清宮。
十一月乙卯，李林甫薨。庚申，楊國忠爲右相。
十二月丁亥，至自華清宮。

十二載五月己酉，復魏、周、隋爲三恪。
六月，阿布思部落降。
八月，中書門下慮囚。
九月甲寅，葛邏祿葉護執阿布思。
十月戊寅，幸華清宮。

十三載正月丙午，至自華清宮。
二月壬申，朝獻于太淸宮，加上玄元皇帝號曰大聖祖高上大道金闕玄元天皇大帝。癸酉，朝享于太廟，增祖宗謚。甲戌，羣臣上尊號曰開元天地大寶聖文神武證道孝德皇帝，大赦，左降官遭父母喪者聽歸。賜孝義旌表者勳兩轉。侍老百歲以上版授本郡太守，婦人郡夫人；九十以上郡長史，婦人郡君；八十以上縣令，婦人縣君。太守加賜爵一級，縣令勳兩轉，民酺三日。丁丑，楊國忠爲司空。是日，雨土。

三月，隴右、河西節度使哥舒翰敗吐蕃，復河源九曲。辛酉，大風拔木。

五月壬戌，觀酺于勤政樓，北庭都護程千里俘阿布思以獻。

六月乙丑朔，日有食之。劍南節度留後李宓及雲南蠻戰于西洱河，死之。

八月丙戌，陳希烈罷。文部侍郎韋見素爲武部尙書、同中書門下平章事。

是秋，瀍、洛水溢。

十月乙酉，幸華淸宮。十二月戊午，至自華淸宮。

十四載三月壬午，安祿山及契丹戰于潢水，敗之。

五月，天有聲于浙西。

八月辛卯，降死罪，流以下原之。免今載租、庸半。賜侍老米。

十月庚寅，幸華淸宮。

十一月，安祿山反，陷河北諸郡。范陽將何千年殺河東節度使楊光翽。壬申，伊西節度使封常清爲范陽、平盧節度使，以討安祿山。丙子，至自華清宮。九原郡太守郭子儀爲朔方軍節度副大使，右羽林軍大將軍王承業爲太原尹，衞尉卿張介然爲河南節度採訪使，右金吾大將軍程千里爲上黨郡長史，以討安祿山。丁丑，榮王琬爲東討元帥，高仙芝副之。

十二月丁亥，安祿山陷靈昌郡。辛卯，陷陳留郡，執太守郭納，張介然死之。癸巳，安祿山陷滎陽郡，太守崔無詖死之。丙申，封常清及安祿山戰于甖子谷，敗績。丁酉，陷東京，留守李憕、御史中丞盧奕、判官蔣清死之。河南尹達奚珣叛降于安祿山。

己亥，恆山郡太守顏杲卿敗何千年，執之，克趙、鉅鹿、廣平、清河、河間、景城、樂安、博平、博陵、上谷、文安、信都、魏、鄴十四郡。

癸卯，封常清、高仙芝伏誅。哥舒翰持節統領處置太子先鋒兵馬副元帥，守潼關。甲辰，郭子儀及安祿山將高秀巖戰于河曲，敗之。戊申，榮王琬薨。壬子，濟南郡太守李隨、單父尉賈賁、濮陽人尙衡以兵討安祿山。是月，平原郡太守顏眞卿、饒陽郡太守盧全誠、司馬李正以兵討安祿山。

十五載正月乙卯，東平郡太守嗣吳王祇以兵討安祿山。丙辰，李隨爲河南節度使，以討祿山。壬戌，祿山陷恆山郡，執顏杲卿、袁履謙，陷鄴、廣平、鉅鹿、趙、上谷、博陵、文安、魏、信都九郡。癸亥，朔方軍節度副使李光弼爲河東節度副大使，以討祿山。甲子，南陽郡太守魯炅爲南陽節度使，率嶺南、黔中、山南東道兵屯于葉縣。乙丑，安慶緒寇潼關，哥舒翰敗之。丁丑，眞源令張巡以兵討安祿山。

二月己亥，嗣吳王祗及祿山將謝元同戰于陳留，敗之。李光弼克常山郡，郭子儀出井陘會光弼，及安祿山將史思明戰，敗之。庚子，賈賁戰于雍丘，死之。

三月，顏眞卿克魏郡。史思明寇饒陽、平原。乙卯，張巡及安祿山將令狐潮戰于雍丘，敗之。丙辰，殺戶部尙書安思順、太僕卿安元貞。乙丑，李光弼克趙郡。

四月乙酉，北海郡太守賀蘭進明以兵救平原。丙午，太子左贊善大夫來瑱爲潁川郡太守、兼招討使。

五月丁巳，魯炅及安祿山戰于滍水，敗績，奔于南陽。戊辰，嗣虢王巨爲河南節度使。

六月癸未，顏眞卿及安祿山將袁知泰戰于堂邑，敗之。賀蘭進明克信都。丙戌，哥舒翰及安祿山戰于靈寶西原，敗績。是日，郭子儀、李光弼及史思明戰于嘉山，敗之。辛卯，蕃將火拔歸仁執哥舒翰叛降于安祿山，遂陷潼關、上洛郡。

甲午，詔親征。京兆尹崔光遠爲西京留守、招討處置使。丙申，行在望賢宮。丁酉，次馬嵬，左龍武大將軍陳玄禮殺楊國忠及御史大夫魏方進、太常卿楊暄。賜貴妃楊氏死。是日，張巡及安祿山將翟伯玉戰于白沙堝，敗之。己亥，祿山陷京師。辛丑，次陳倉。閑廄使任沙門叛降于祿山。丙午，次河池郡。劍南節度使崔圓爲中書侍郎、同中書門下平章事。

七月甲子，次普安郡。憲部侍郎房琯爲文部尚書、同中書門下平章事。丁卯，皇太子爲天下兵馬元帥，都統朔方、河東、河北、平盧節度使，御史中丞裴冕、隴西郡司馬劉秩副之。江陵大都督永王璘爲山南東路黔中江南西路節度使，盛王琦爲廣陵郡都督、江南東路淮南道節度使，豐王珙爲武威郡都督、河西隴右安西北庭節度使。庚午，次巴西郡。以太守崔渙爲門下侍郎、同中書門下平章事，韋見素爲左相。庚辰，次蜀郡。

八月壬午，大赦，賜文武官階、爵，爲安祿山脅從能自歸者原之。癸巳，皇太子即皇帝位于靈武，以聞。庚子，上皇天帝誥遣韋見素、房琯、崔渙奉皇帝册于靈武。

十一月甲寅，憲部尚書李麟同中書門下平章事。

十二月甲辰，永王璘反，廢爲庶人。

至德二載正月庚戌，誥求天下孝悌可旌者。甲子，劍南健兒賈秀反，伏誅。三月庚午，通化郡言玄元皇帝降。五月庚申，誥追册貴嬪楊氏爲皇后。七月庚戌，行營健兒李季反，伏誅。庚午，劍南健兒郭千仞反，伏誅。十月丁巳，皇帝復京師，以聞。誥降劍南囚罪，流以下原之。

十二月丁未，至自蜀郡，居于興慶宮。三載，上號曰太上至道聖皇天帝。上元元年，徙居于西內甘露殿。元年建巳月，崩于神龍殿，年七十八。

贊曰：睿宗因其子之功，而在位不久，固無可稱者。嗚呼，女子之禍於人者甚矣！自高祖至于中宗，數十年間，再罹女禍，唐祚既絕而復續，中宗不免其身，韋氏遂以滅族。玄宗親平其亂，可以鑒矣，而又敗以女子。方其勵精政事，開元之際，幾致太平，何其盛也！及侈心一動，窮天下之欲不足爲其樂，而溺其所甚愛，忘其所可戒，至於竄身失國而不悔。考其始終之異，其性習之相遠也至於如此。可不愼哉！可不愼哉！

校勘記

〔一〕涼州　衲、十行、汲本作「源川」，殿、局本作「源州」。據本書卷一一一薛訥傳、卷二一五上突厥傳及通鑑卷二一一改。

〔二〕突厥寇甘涼涼州都督楊敬述及突厥戰敗績　上「涼」字各本原作「源」。按通鑑卷二一二載：開元八年，突厥掠涼州，都督楊敬述使裨將將兵邀擊，大敗。本書卷二一五下及舊書卷一九四上突厥傳略同。「源」爲「涼」之誤甚明，據改。

唐書卷六

本紀第六

肅宗　代宗

肅宗文明武德大聖大宣孝皇帝諱亨，玄宗第三子也。母曰元獻皇后楊氏。初名嗣昇，封陝王。開元四年，爲安西大都護。性仁孝，好學，玄宗尤愛之，遣賀知章、潘肅、呂向、皇甫彬、邢璹等侍讀左右。

十五年，更名浚，徙封忠王，爲朔方節度大使、單于大都護。

十八年，奚、契丹寇邊，乃以肅宗爲河北道行軍元帥，遣御史大夫李朝隱等八總管兵十萬以伐之。居二歲，朝隱等敗奚、契丹於范陽北，肅宗以統帥功遷司徒。二十三年，又更名璵。

二十五年，皇太子瑛廢死，明年，立爲皇太子。有司行册禮，其儀有中嚴、外辦，其服絳紗。太子曰：「此天子禮也。」乃下公卿議。太師蕭嵩、左丞相裴耀卿請改「外辦」爲「外備」，絳紗衣爲朱明服，乃從之。二十八年，又更名紹。天寶三載，又更名亨。

安祿山來朝，太子識其有反相，請以罪誅之，玄宗不聽。祿山反。

十五載，玄宗避賊，行至馬嵬，父老遮道請留太子討賊，玄宗許之，遣壽王瑁及內侍高力士諭太子，太子乃還。六月丁酉，至渭北便橋，橋絕，募水濱居民得三千餘人，涉而濟。遇潼關散卒，以爲賊，與戰，多傷，既而覺之，收其餘以涉，後軍多沒者。夕次永壽縣，吏民稍持牛酒來獻。新平郡太守薛羽、保定郡太守徐轂聞賊且至，皆棄城走。己亥，太子次保定，捕得羽、轂，斬之。辛丑，次平涼郡，得牧馬牛羊，兵始振。朔方留後支度副使杜鴻漸、六城水陸運使魏少游、節度判官崔漪、支度判官崔簡金、關內鹽池判官李涵、河西行軍司馬裴冕迎太子治兵于朔方。庚戌，次豐寧，見大河之險，將保之，會天大風，迴趨靈武。

七月辛酉，至于靈武。壬戌，裴冕等請皇太子卽皇帝位。甲子，卽皇帝位于靈武，尊皇帝曰上皇天帝，大赦，改元至德。賜文武官階、勳、爵，版授侍老太守、縣令。裴冕爲中書侍郎、同中書門下平章事。甲戌，安祿山寇扶風，太守薛景仙敗之。

八月辛卯，張巡及安祿山將李廷望戰于雍丘，敗之。

十月辛巳朔，日有食之。癸未，次彭原郡。詔御史諫官論事勿先白大夫及宰相。始鬻爵、度僧尼。房琯爲招討西京、防禦蒲潼兩關兵馬元帥，兵部尙書王思禮副之。南軍入于宜壽，中軍入于武功，北軍入于奉天。辛卯，河南節度副使張巡及令狐潮戰于雍丘，敗之。辛丑，房琯以中軍、北軍及安祿山之衆戰于陳濤斜，敗績。癸卯，琯又以南軍戰，敗績。是月，遣永王璘朝上皇天帝于蜀郡。璘反，丹徒郡太守閻敬之及璘戰于伊婁埭，死之。

十一月辛亥，河西地震。戊午，崔渙爲江南宣慰使。郭子儀率回紇及安祿山戰于河上，敗之。史思明寇太原。

十二月，安祿山陷魯、東平、濟陰三郡。戊子，給復彭原郡二載。安祿山陷潁川，執太守薛愿及長史龐堅。

是歲，吐蕃陷嶲州，嶺南溪獠梁崇牽陷容州。

二載正月，永王璘陷鄱陽郡。乙卯，安慶緒弒其父祿山。丙寅，河西兵馬使孟庭倫殺其節度使周佖，以武威郡反。乙亥，安慶緒將尹子奇寇睢陽郡，張巡敗之。

二月戊子，次于鳳翔。李光弼及安慶緒之衆戰于太原，敗之。丁酉，關西節度兵馬使郭英乂及安慶緒戰于武功，敗績。慶緒陷馮翊郡，太守蕭賁死之。慶緒將蔡希德寇太原。

戊戌，庶人璘伏誅。庚子，郭子儀及安慶緒戰于潼關，敗之。壬寅，河西判官崔偁克武威郡，孟庭倫伏誅。甲辰，郭子儀及安慶緒戰于永豐倉，敗之，大將李韶光、王祚死之。

三月辛酉，韋見素、裴冕罷。憲部尚書致仕苗晉卿爲左相。

四月戊寅，郭子儀爲關內、河東副元帥。壬午，瘞陣亡者。庚寅，郭子儀及安慶緒將李歸仁戰于劉運橋，敗之。

五月癸丑，子儀及慶緒將安守忠戰于淸渠，敗績。丁巳，房琯罷，諫議大夫張鎬爲中書侍郎、同中書門下平章事。

六月癸未，尹子奇寇睢陽。丁酉，南充郡民何滔執其太守楊齊會以反，劍南節度使盧元裕敗之。

七月己酉，太白經天。丁巳，安慶緒將安武臣陷陝郡。

八月丁丑，焚長春宮。甲申，崔渙罷。張鎬兼河南節度使，都統淮南諸軍事。靈昌郡太守許叔冀奔于彭城。癸巳，大閱。

閏月甲寅，安慶緒寇好畤，渭北節度使李光進敗之。丁卯，廣平郡王俶爲天下兵馬元帥，郭子儀副之，以朔方、安西、回紇、南蠻、大食兵討安慶緒。辛未，京畿採訪宣慰使崔光遠及慶緒戰于駱谷，敗之；行軍司馬王伯倫戰于苑北，死之。

九月丁丑，慶緒陷上黨郡，執節度使程千里。壬寅，廣平郡王俶及慶緒戰于灃水，敗之。癸卯，復京師。慶緒奔于陝郡。尚書左僕射裴冕告太清宮、郊廟、社稷、五陵，宣慰百姓。

十月戊申，廣平郡王俶及安慶緒戰于新店，敗之，克陝郡。壬子，復東京，慶緒奔于河北。興平軍兵馬使李奐及慶緒之衆戰于武關，敗之，克上洛郡。吐蕃陷西平郡。癸丑，安慶緒陷睢陽，太守許遠及張巡、鄆州刺史姚誾、左金吾衞將軍南霽雲皆死之。癸亥，給復鳳翔五載，版授父老官。遣太子太師韋見素迎上皇天帝于蜀郡。丁卯，至自靈武，饗于太廟，哭三日。己巳，關內節度使王思禮及安慶緒戰于絳郡，敗之。

十一月丙子，張鎬率四鎮伊西北庭行營兵馬使李嗣業、陝西節度使來瑱、河南都知兵馬使嗣吳王祗克河南郡縣。庚子，作九廟神主，告享于長樂殿。

十二月丙午，上皇天帝至自蜀郡。甲寅，苗晉卿爲中書侍郎、同中書門下平章事。戊午，大赦。靈武元從、蜀郡扈從官三品以上予一子官，四品以下一子出身。瘞陣亡者，致祭之，給復其家二載。免天下租、庸來歲三之一。禁珠玉、寶鈿、平脫、金泥、刺繡。復諸州及官名。以蜀郡爲南京，鳳翔郡爲西京，西京爲中京。給復潞州五載，并鄧許滑宋五州、雍丘好畤奉先縣二載，益州三載。賜文武官階、勳、爵，父老八十以上版授，加緋衣、銀魚，民酺五日。廣平郡王俶爲太尉，進封楚王。苗晉卿爲侍中，崔圓爲中書令，李麟同中書門下三品。進封子南陽郡王係爲趙王，新城郡王僅彭王，潁川郡王僩兗王，東陽郡王侹涇王。封子僙爲襄王，倕杞王，偲召王，佋興王，侗定王。乙丑，史思明降。壬申，達奚珣等伏誅。

乾元元年正月戊寅，上皇天帝御宣政殿，授皇帝傳國、受命寶符，册號曰光天文武大聖孝感皇帝。乙酉，出宮女三千人。庚寅，大閱。

二月癸卯，安慶緒將能元皓以淄、青降，以元皓爲河北招討使。乙巳，上上皇天帝册號曰聖皇天帝。丁未，大赦，改元。贈死事及拒僞命者官。成都、靈州扈從三品以上予一子官，五品以上一子出身，六品以下敍進之。免陷賊州三歲稅。賜文武官階、爵。

三月甲戌，徙封俶爲成王。戊寅，立淑妃張氏爲皇后。

四月辛亥，祔神主于太廟。甲寅，朝享于太廟，有事于南郊。乙卯，大赦，賜文武官階、勳、爵，天下非租、庸毋輒役使，有能賑貧窮寵以官爵，京官九品以上言事，二王、三恪予一子官。史思明殺范陽節度副使烏承恩以反。

五月戊子，張鎬罷。乙未，崔圓、李麟罷。太常少卿王璵爲中書侍郎、同中書門下平章事。

七月，党項羌寇邊。

九月丙子，招討党項使王仲昇殺拓拔戎德。庚寅，郭子儀率李光弼、李嗣業、王思禮、淮西節度使魯炅、興平軍節度使李奐、滑濮節度使許叔冀、平盧兵馬使董秦、鄭蔡節度使季廣琛以討安慶緒。癸巳，大食、波斯寇廣州。

十月甲辰，立成王俶爲皇太子。大赦。賜文武官階、爵，五品以上子爲父後者勳兩轉。舉忠正孝友堪東宮官者。

十一月壬申，王思禮及安慶緒戰于相州，敗之。

十二月庚戌，戶部尚書李峘都統淮南、江東、江西節度使。丁卯，史思明陷魏州。

二年正月己巳，羣臣上尊號曰乾元大聖光天文武孝感皇帝。郭子儀及安慶緒戰于愁思岡，敗之。丁丑，祠九宮貴神。戊寅，耕籍田。

二月壬戌，中書門下慮囚。

三月己巳，皇后親蠶。壬申，九節度之師潰于滏水。史思明殺安慶緒。東京留守崔圓、河南尹蘇震、汝州刺史賈至奔于襄、鄧。郭子儀屯于東京。丁亥，以旱降死罪，流以下原之；流民還者給復三年。甲午，兵部侍郎呂諲同中書門下平章事。乙未，苗晉卿、王璵罷。京兆尹李峴爲吏部尚書，中書舍人李揆爲中書侍郎，戶部侍郎第五琦：同中書門下平章事。丙申，郭子儀爲東畿、山南東、河南等道諸節度防禦兵馬元帥。

四月庚子，王思禮及史思明戰于直千嶺，敗之。壬寅，詔減常膳服御，武德中尚作坊非賜蕃客、戎祀所須者皆罷之。

五月辛巳，貶李峴爲蜀州刺史。

七月辛巳，趙王係爲天下兵馬元帥，李光弼副之。辛卯，呂諲罷。

八月乙巳，襄州防禦將康楚元、張嘉延反，逐其刺史王政。

九月甲子，張嘉延陷荆州。丁亥，太子少保崔光遠爲荆襄招討、山南東道處置兵馬使。庚寅，史思明陷東京及齊、汝、鄭、滑四州。

十月乙巳，李光弼及史思明戰于河陽，敗之。壬戌，呂諲起復。

十一月庚午，貶第五琦爲忠州刺史。

十二月乙巳，康楚元伏誅。史思明寇陝州，神策軍將衞伯玉敗之。

上元元年三月丙子，降死罪，流以下原之。

四月戊申，山南東道將張維瑾反，殺其節度使史翽。丁巳，有彗星出于婁、胃。己未，來瑱爲山南東道節度使，以討張維瑾。

閏月辛酉，有彗星出于西方。甲戌，徙封係爲越王。己卯，大赦，改元，賜文武官爵。追封太公望爲武成王。復死刑三覆奏。是月，大饑。張維瑾降。

五月丙午，太子太傅苗晉卿爲侍中。壬子，呂諲罷。

六月乙丑，鳳翔節度使崔光遠及羌、渾、党項戰于涇、隴，敗之。乙酉，又敗之于普潤。李光弼及史思明戰于懷州，敗之。

七月丁未，聖皇天帝遷于西內。

十一月甲午，揚州長史劉展反，陷潤州。丙申，陷昇州。壬子，李峘、淮南節度使鄧景山及劉展戰于淮上，敗績。

是歲，吐蕃陷廓州。西原蠻寇邊，桂州經略使邢濟敗之。

二年正月甲寅，降死罪，流以下原之。乙卯，劉展伏誅。

二月己未，奴剌、党項羌寇寶雞，焚大散關，寇鳳州，刺史蕭悛死之，鳳翔尹李鼎敗之。戊寅，李光弼及史思明戰于北邙，敗績。思明陷河陽。癸未，貶李揆爲袁州長史。河中節度使蕭華爲中書侍郎、同中書門下平章事。乙酉，來瑱及史思明戰于魯山，敗之。

三月甲午，史朝義寇陝州，神策軍節度使衛伯玉敗之。戊戌，史朝義弒其父思明。李光弼罷副元帥。

四月己未，吏部侍郎裴遵慶爲黃門侍郎、同中書門下平章事。乙亥，青密節度使尙衡及史朝義戰，敗之。丁丑，兗鄆節度使能元皓又敗之。壬午，劍南東川節度兵馬使段子璋反，陷綿州，遂州刺史嗣虢王巨死之，節度使李奐奔于成都。

五月甲午，史朝義將令狐彰以滑州降。戊戌，平盧軍節度使侯希逸及史朝義戰于幽州，敗之。庚子，李光弼爲河南道副元帥。劍南節度使崔光遠克東川，段子璋伏誅。

七月癸未朔，日有食之。

八月辛巳，殿中監李國貞都統朔方、鎭西、北庭、興平、陳鄭、河中節度使。

九月壬寅，大赦，去「乾元大聖光天文武孝感」號，去「上元」號，稱元年，以十一月爲歲首，月以斗所建辰爲名。賜文武官階、勳、爵，版授侍老官，先授者敍進之。停四京號。

元年建子月癸巳，曹州刺史常休明及史朝義將薛㟧戰，敗之。己亥，朝聖皇天帝于西內。丙午，衞伯玉及史朝義戰于永寧，敗之。己酉，朝獻于太淸宮。庚戌，朝享于太廟及元獻皇后廟。

建丑月辛亥，有事于南郊。己未，來瑱及史朝義戰于汝州，敗之。乙亥，侯希逸及朝義將李懷仙戰于范陽，敗之。

寶應元年建寅月甲申，追册靖德太子琮爲皇帝，妃竇氏爲皇后。乙酉，葬王公妃主遇害者。丙戌，盜發敬陵、惠陵。甲辰，李光弼克許州。吐蕃請和。戊申，史朝義陷營州。

建卯月辛亥，大赦。賜文武官階、爵。五品以上淸望及郎官、御史薦流人有行業情可矜者。停貢鷹、鶻、狗、豹。以京兆府爲上都，河南府爲東都，鳳翔府爲西都，江陵府爲南都，太原府爲北都。壬子，羌、渾、奴剌寇梁州。癸丑，河東軍亂，殺其節度使鄧景山，都知兵馬使辛雲京自稱節度使。乙丑，河中軍亂，殺李國貞及其節度使荔非元禮。戊辰，淮西節度使王仲昇及史朝義將謝欽讓戰于申州，敗績。庚午，郭子儀知朔方、河中、北庭、潞儀澤沁節度行營，興平、定國軍兵馬副元帥。壬申，鄜州刺史成公意及党項戰，敗之。

建辰月壬午，大赦，官吏聽納贓免罪，左降官及流人罰鎭効力者還之。甲午，奴剌寇梁州。戊申，蕭華罷。戶部侍郎元載同中書門下平章事。

建巳月庚戌，史朝義寇澤州，刺史李抱玉敗之。壬子，楚州獻定國寶玉十有三。甲寅，聖皇天帝崩。乙丑，皇太子監國。大赦，改元年爲寶應元年，復以正月爲歲首，建巳月爲四月。丙寅，閑廏使李輔國、飛龍廏副使程元振遷皇后于別殿，殺越王係、兗王僩。是夜，皇帝崩于長生殿，年五十二。

代宗睿文孝武皇帝諱豫，肅宗長子也。母曰章敬皇后吳氏。玄宗諸孫百餘人，代宗最長，爲嫡皇孫。聰明寬厚，喜愠不形於色，而好學強記，通易象。初名俶，封廣平郡王。

安祿山反，玄宗幸蜀，肅宗留討賊，代宗常從於兵間。

肅宗已卽位，郭子儀等兵討安慶緒，未克。肅宗在岐，至德二載九月，以廣平郡王爲天下兵馬元帥，率朔方、安西、回紇、南蠻、大食等兵二十萬以進討，百官送于朝堂，過闕而下，步出木馬門，然後復騎。以安西、北庭行營節度使李嗣業爲前軍，朔方、河西、隴右節度使郭子儀爲中軍，關內行營節度使王思禮爲後軍，屯于香積寺。敗賊將安守忠，斬首六萬級。賊將張通儒守長安，聞守忠敗，棄城走，遂克京城，乃留思禮屯于苑中，代宗率大軍以東。安慶緒遣其將嚴莊拒于陝州，代宗及子儀、嗣業戰陝西，大敗之，慶緒奔于河北，遂克東都。肅宗還京師。十二月，進封楚王。

乾元元年三月，徙封成王。四月，立爲皇太子。初，太子生之歲，豫州獻嘉禾，於是以爲祥，乃更名豫。

肅宗去上元三年號，止稱元年，月以斗所建辰爲名。元年建巳月，肅宗寢疾，乃詔皇太子監國。而楚州獻定國寶十有三，因曰：「楚者，太子之所封，今天降寶於楚，宜以建元。」乃以元年爲寶應元年。

肅宗張皇后惡李輔國，欲圖之，召問太子，太子不許，乃與越王係謀之。肅宗疾革。四月丁卯，皇后與係將召太子入宮，飛龍副使程元振得其謀，以告輔國。輔國止太子無入，率兵入，殺係及兗王僩，幽皇后于別殿。是夕，肅宗崩，乃迎太子見羣臣於九仙門。明日，發喪。己巳，卽皇帝位于柩前。癸酉，始聽政。甲戌，奉節郡王适爲天下兵馬元帥，郭子儀罷副元帥。乙亥，進封适爲魯王。

五月壬午，李輔國爲司空。庚寅，追尊母爲皇太后。丙申，李光弼及史朝義戰于宋州，敗之。丁酉，大赦。刺史予一子官，賜文武官階、爵，子爲父後者勳一轉。免民逋租宿負。進封子益昌郡王邈爲鄭王，延慶郡王迥韓王。追復庶人王氏爲皇后，瑛、瑤、琚皆復其封號。

六月辛亥，追廢皇后張氏、越王係、兗王僩皆爲庶人。

七月乙酉，殺山南東道節度使裴茙。癸巳，劍南西川兵馬使徐知道反。

八月己未，知道伏誅。辛未，台州人袁鼂反。乙亥，徙封适爲雍王。

九月戊子，鳳州刺史呂日將及党項羌戰于三嵯谷，敗之。丙申，回紇請助戰。壬寅，大閏。癸卯，袁鼂陷信州。

十月乙卯，陷溫、明二州。詔浙江水旱，百姓重困，州縣勿輒科率，民疫死不能葬者爲瘞之。辛酉，雍王适討史朝義。壬戌，盜殺李輔國。癸酉，雍王适克懷州。甲戌，敗史朝義于橫水，克河陽、東都，史朝義將張獻誠以汴州降。

十一月丁亥，朝義將薛嵩以相、衞、洺、邢四州降。丁酉，朝義將張忠志以趙、定、深、恆、易五州降。己亥，朔方行營節度使僕固懷恩爲朔方、河北副元帥。

十二月己酉，太府左藏庫火。戊辰，瘞京城內外暴骨。甲戌，李光弼及袁鼂戰于衢州，敗之。

是歲，舒州人楊昭反，殺其刺史劉秋子。西原蠻叛。吐蕃寇秦、成、渭三州。

廣德元年正月癸未，京兆尹劉晏爲吏部尙書、同中書門下平章事。甲申，史朝義自殺，其將李懷仙以幽州降，田承嗣以魏州降。壬寅，山陵使、山南東道節度使來瑱有罪，伏誅。

三月甲辰，山南東道兵馬使梁崇義自南陽入于襄州。丁未，李光弼及袁鼂戰，敗之。辛酉，葬至道大聖大明孝皇帝于泰陵。甲子，党項羌寇同州，郭子儀敗之于黃堆山。庚午，葬文明武德大聖大宣孝皇帝于建陵。

六月，同華節度使李懷讓自殺。

七月壬寅，羣臣上尊號曰寶應元聖文武孝皇帝。壬子，大赦，改元。免民逋負，戶三丁免其一庸、調；給復河北三年；回紇行營所經，免今歲租。賜內外官階、勳、爵。給功臣鐵券，藏名于太廟，圖形于凌煙閣。吐蕃陷隴右諸州。

八月，僕固懷恩反。

九月壬寅，裴遵慶宣慰僕固懷恩于汾州。乙丑，涇州刺史高暉叛附于吐蕃。

十月庚午，吐蕃陷邠州。辛未，寇奉天、武功，京師戒嚴。壬申，雍王适爲關內兵馬元帥，郭子儀副之。癸酉，渭北行營兵馬使呂日將及吐蕃戰于盩厔，敗之。乙亥，又戰于盩厔，敗績。丙子，如陝州。丁丑，次華陰。豐王珙有罪伏誅。戊寅，吐蕃陷京師，立廣武郡王承宏爲皇帝。辛巳，次陝州。癸巳，吐蕃潰，郭子儀復京師。南山五谷人高玉反。

十一月壬寅，廣州市舶使呂太一反，逐其節度使張休。

十二月辛未，劉晏宣慰上都。甲午，至自陝州。乙未，苗晉卿、裴遵慶罷。檢校禮部尚書李峴爲黃門侍郎、同中書門下平章事。丙申，放承宏于華州。吐蕃陷松、維二州。西原蠻陷道州。

二年正月丙午，詔舉堪御史、諫官、刺史、縣令者。乙卯，立雍王适爲皇太子。癸亥，劉晏、李峴罷。右散騎常侍王縉爲黃門侍郎，太常卿杜鴻漸爲兵部侍郎：同中書門下平章事。郭子儀兼河東副元帥。

二月辛未，僕固懷恩殺朔方軍節度留後渾釋之。癸酉，朝獻于太淸宮。甲戌，朝享于太廟。乙亥，有事于南郊。己丑，大赦。賜內外官階、爵；武德功臣子孫予一人官；成都、靈武元從三品以上加賜爵一級，餘加一階；寶應功臣三品以上官一子，仍賜爵一級，餘加階、勳兩轉，五品以上爲父後者勳兩轉。

三月辛丑，給復河南府二年。甲子，盛王琦薨。

四月甲午，禁鈿作珠翠。

五月，洛水溢。

六月丁卯，有星隕于汾州。

七月庚子，初稅青苗。己酉，李光弼薨。

八月丙寅，王縉爲侍中，都統河南、淮南、山南東道節度行營事。壬申，王縉罷侍中。癸巳，吐蕃寇邠州，邠寧節度使白孝德敗之于宜祿。

九月己未，劍南節度使嚴武及吐蕃戰于當狗城，敗之。

是秋，有蝛。

十月丙寅，吐蕃寇邠州。丁卯，寇奉天，京師戒嚴。庚午，嚴武克吐蕃鹽川城。辛未，朔方兵馬使郭晞及吐蕃戰于邠西，敗之。是月，突厥寇豐州，守將馬望死之。

十一月乙未，吐蕃軍潰，京師解嚴。河西節度使楊志烈及僕固懷恩戰于靈州，敗績。癸丑，袁鼂伏誅。免越州今歲田租之半，給復温、台、明三州一年。

十二月乙丑，高玉伏誅。丙寅，衆星隕。

是歲，西原蠻陷邵州。

永泰元年正月癸巳，大赦，改元。是月，歙州人殺其刺史龐濬。

二月戊寅，党項羌寇富平。庚辰，儀王璲薨。

三月庚子，雨木冰。庚戌，吐蕃請和。辛亥，大風拔木。

四月己巳，自春不雨，至于是而雨。

是夏，蝥㕑穭麥生。

七月辛卯，平盧、淄青兵馬使李懷玉逐其節度使侯希逸。

八月庚辰，王縉爲河南副元帥。僕固懷恩及吐蕃、回紇、党項羌、渾、奴剌寇邊。

九月庚寅，命百官觀浮屠象于光順門。辛卯，太白經天。甲辰，吐蕃寇醴泉、奉天，党項羌寇同州，渾、奴剌寇盩厔，京師戒嚴。己酉，屯于苑，郭子儀屯于涇陽。丁巳，同華節度使周智光及吐蕃戰于澄城，敗之。智光入于鄜州，殺其刺史張麟，遂焚坊州。

十月，沙陀殺楊志烈。己未，吐蕃至邠州，與回紇寇邊。辛酉，寇奉天。癸亥，寇同州。乙丑，寇興平。丁卯，回紇、党項羌請降。癸酉，郭子儀及吐蕃戰于靈臺，敗之。京師解嚴。

閏月辛卯，朔方副將李懷光克靈州。辛亥，劍南西山兵馬使崔旰反，寇成都，節度使郭英乂奔于靈池，普州刺史韓澄殺之。癸丑，斂民貲作浮屠供。

大曆元年二月，吐蕃遣使來朝。壬子，杜鴻漸爲山南西道、劍南東西川、邛南、西山等道副元帥。

三月癸未，劍南東川節度使張獻誠及崔旰戰于梓州，敗績。

七月癸酉，洛水溢。

九月辛巳，吐蕃陷原州。

十一月甲子，大赦，改元，給復流民歸業者三年。

十二月己亥，有彗星出于瓠瓜。癸卯，周智光反，殺虢州刺史龐充。

是冬，無雪。鄭王邈爲天下兵馬元帥。

二年正月丁巳，郭子儀討周智光。己未，同華將李漢惠以同州降。甲子，周智光伏誅。淮西節度使李忠臣入于華州。戊寅，給復同、華二州二年。

八月壬寅，殺駙馬都尉姜慶初。

九月甲寅，吐蕃寇靈州。乙卯，寇邠州。郭子儀屯于涇陽，京師戒嚴。乙丑，晝有星流于南方。

是秋，桂州山獠反。

十月戊寅，朔方軍節度使路嗣恭及吐蕃戰于靈州，敗之。京師解嚴。

十一月辛未，雨木冰。壬申，京師地震。

三年二月癸巳，商州兵馬使劉洽殺其刺史殷仲卿。

三月乙巳朔，日有食之。

五月乙卯，追號齊王倓爲皇帝，興信公主女張氏爲皇后。癸亥，地震。

六月壬寅，幽州兵馬使朱希彩殺其節度使李懷仙，自稱留後。

閏月庚午，王縉兼幽州盧龍軍節度使。

七月壬申，瀘州刺史楊子琳反，陷成都，劍南節度留後崔寬敗之，克成都。子琳殺夔州別駕張忠。戊寅，吐蕃遣使來朝。

八月己酉，吐蕃寇靈州。丁卯，寇邠州，京師戒嚴。戊辰，邠寧節度使馬璘及吐蕃戰，敗之。庚午，王縉兼河東節度使。

九月丁丑，濟王環薨。壬午，吐蕃寇靈州，朔方將白元光敗之。壬辰，又敗之于靈武。戊戌，京師解嚴。

十二月辛酉，涇原兵馬使王童之謀反，伏誅。

四年正月甲戌，殺潁州刺史李岵。

二月乙卯，杜鴻漸罷副元帥。丙辰，京師地震。

三月，遣御史稅商錢。甲戌，免京兆今歲稅。

五月丙戌，京師地震。

六月戊申，王縉罷副元帥、都統。

七月癸未，降死罪，流以下原之。

十月丁巳，大霧。

十一月辛未，禁畿內弋獵。壬申，杜鴻漸罷。癸酉，元載權知門下省事。甲戌，吐蕃寇靈州，朔方軍節度留後常謙光敗之。丙子，左僕射裴冕同中書門下平章事。癸巳，裴冕兼河南、淮西、山南東道副元帥。

十二月戊戌，裴冕薨。

是歲，廣州人馮崇道、桂州人朱濟時反，容管經略使王翃敗之。

五年正月辛卯，鳳翔節度使李抱玉爲河西、隴右、山南西道副元帥。

三月癸酉，內侍監魚朝恩有罪自殺。丙戌，以昭陵皇堂有光，赦京兆、關輔。

四月庚子，湖南兵馬使臧玠殺其團練使崔灌。己未，有彗星出于五車。

五月己卯，有彗星出于北方。六月己未，以彗星滅，降死罪，流以下原之。錄魏徵、王珪、李靖、李勣、房玄齡、杜如晦之後。

是歲，湖南將王國良反，及西原蠻寇州縣。

六年二月壬寅，李抱玉罷山南西道副元帥。

三月，王翃敗梁崇牽，克容州。

四月戊寅，藍田西原地陷。禁大䌷、竭鑿六破錦及文紗吳綾爲龍、鳳、麒麟、天馬、辟邪者。

五月戊申，殺殿中侍御史陸珽、成都府司錄參軍事李少良、大理評事韋頌。

七年二月庚午，江州江溢。

五月乙酉，大雨雹，大風拔木。乙未，以旱大赦，減膳，徹樂。

是秋，幽州盧龍將李懷瑗殺其節度使朱希彩，經略軍副使朱泚自稱留後。

十月乙亥，以淮南旱，免租、庸三之二。

十一月庚辰，免巴、蓬、渠、集、壁、充、通、開八州二歲租、庸。

十二月丙寅，雨土，有長星出于參。

八年正月甲辰，詔京官三品以上及郎官、御史歲舉刺史、縣令一人。

五月辛卯，鄭王邈薨。壬辰，赦京師。癸卯，降死罪，流以下原之。

八月己未，吐蕃寇靈州，郭子儀敗之于七級渠。甲子，廢華州屯田給貧民。

九月壬午，循州刺史哥舒晃反，殺嶺南節度使呂崇賁。戊子，詔京官五品以上、兩省供奉官、郎官、御史言事。

十月庚申，吐蕃寇涇、邠。丙寅，朔方兵馬使渾瑊及吐蕃戰于宜祿，敗績。涇原節度使馬璘及吐蕃戰于潘原，敗之。

九年二月辛未，徐州兵亂，逐其刺史梁乘。

四月壬辰，大赦。

十月壬申，信王瑝薨。乙亥，涼王璿薨。壬辰，降京師死罪，流以下原之。

十年正月丁酉，昭義軍兵馬使裴志清逐其節度使薛崿，叛附于田承嗣。壬寅，壽王瑁薨。戊申，田承嗣反。癸丑，承嗣陷洛州。乙卯，劍南西川節度使崔寧及吐蕃戰于西山，敗之。

二月乙丑，田承嗣陷衞州，刺史薛雄死之。辛未，封子述爲睦王，逾郴王，連恩王，遘鄜王，造忻王，暹韶王，運嘉王，遇端王，遹循王，通恭王，逵原王，逸雅王。丙子，河陽軍亂，逐三城使常休明。

三月甲午，陝州軍亂，逐其觀察使李國清。

四月癸未，河東節度使薛兼訓等討田承嗣。給復昭義五州二年。甲申，大雨雹，大風拔木。

五月乙未，魏博將霍榮國以磁州降。甲寅，大雨雹，大風拔木，震闕門。

六月甲戌，成德軍節度使李寶臣及田承嗣戰于冀州，敗之。

七月己未，杭州海溢。

八月己丑，田承嗣寇磁州。

九月壬寅，降京師死罪，流以下原之。壬子，吐蕃寇臨涇。癸丑，寇隴州。丙辰，李抱玉敗之于義寧。丁巳，馬璘又敗之于百里城。

十月辛酉朔，日有食之。甲子，昭義軍節度使李承昭及田承嗣戰于淸水，敗之。丙寅，貴妃獨孤氏薨。丁卯，追册爲皇后。

十一月丁酉，魏博將吳希光以瀛州降。丁未，嶺南節度使路嗣恭克廣州，哥舒晃伏誅。

十一年正月庚寅，田承嗣降。辛亥，崔寧及吐蕃戰，敗之。

五月，汴宋都虞候李靈耀反，殺濮州刺史孟鑒。

七月庚寅，田承嗣寇滑州，永平軍節度使李勉敗績。

八月甲申，淮西節度使李忠臣、河陽三城使馬燧及李勉討李靈耀。

閏月丁酉，太白晝見。

九月乙丑，李忠臣、馬燧及李靈耀戰于鄭州，敗績。

十月乙酉，戰于中牟，敗之。壬辰，忠臣又敗之于西梁固。壬寅，淮南節度使陳少遊及李靈耀戰于汴州，敗之。丙午，田承嗣以兵援靈耀，李忠臣敗之于匡城。甲寅，靈耀伏誅。

十二年三月庚午，赦田承嗣。辛巳，元載有罪伏誅。貶王縉爲括州刺史。

四月壬午，太常卿楊綰爲中書侍郎，禮部侍郎常衮爲門下侍郎：同中書門下平章事。癸巳，詔諫官獻封事勿限時，側門論事者隨狀面奏，六品以上官言事投匭者無勒副章。丁酉，吐蕃寇黎、雅二州，崔寧敗之。是月，金州人卓英璘反。

六月乙巳，英璘伏誅。給復金州二年。丁未，以旱降京師死罪，流以下原之。

七月己巳，楊綰薨。丙子，詔尚書、御史大夫、左右丞、侍郎舉任刺史者。

九月庚午，吐蕃寇坊州。

是秋，河溢。

十一月壬子，山南西道節度使張獻恭及吐蕃戰于岷州，敗之。
十二月丁亥，崔寧及吐蕃戰于西山，敗之。
是歲，恆、定、趙三州地震。冬，無雪。
十三年正月戊辰，回紇寇幷州。癸酉，河東節度留後鮑防及回紇戰于陽曲，敗績。
二月庚辰，代州刺史張光晟及回紇戰于羊虎谷，敗之。
四月甲辰，吐蕃寇靈州，常謙光敗之。
十月己丑，禁京畿持兵器捕獵。
是歲，郴州黃芩山崩。
十四年二月癸未，魏博節度使田承嗣卒，其兄子悅自稱留後。
三月丁未，汴宋將李希烈逐其節度使李忠臣，自稱留後。
五月辛酉，不豫，詔皇太子監國。是夕，皇帝崩于紫宸內殿，年五十三。

贊曰：天寶之亂，大盜遽起，天子出奔。方是時，肅宗以皇太子治兵討賊，眞得其職矣！然以僖宗之時，唐之威德在人，紀綱未壞，孰與天寶之際？而僖宗在蜀，諸鎭之兵糾合勠力，遂破黃巢而復京師。由是言之，肅宗雖不卽尊位，亦可以破賊矣。蓋自高祖以來，三遜于位以授其子，而獨睿宗上畏天戒，發於誠心，若高祖、玄宗，豈其志哉！代宗之時，餘孽猶在，平亂守成，蓋亦中材之主也！

唐書卷七

本紀第七

德宗 順宗 憲宗

德宗神武聖文皇帝諱适，代宗長子也。母曰睿眞皇太后沈氏。初，沈氏以開元末選入代宗宮。安祿山之亂，玄宗避賊于蜀，諸王妃妾不及從者，皆爲賊所得，拘之東都之掖廷。代宗克東都，得沈氏，留之宮中；史思明再陷東都，遂失所在。

肅宗元年建丑月，封德宗奉節郡王。代宗卽位，史朝義據東都，乃以德宗爲天下兵馬元帥，進封魯王。八月，徙封雍王。

寶應元年十月，屯于陝州，諸將進擊史朝義，敗之，朝義走河北，遂克東都。十一月，史朝義死幽州，守將李懷仙斬其首來獻，河北平。以功兼尙書令，與功臣郭子儀、李光弼等皆賜鐵劵，圖形凌烟閣。廣德二年二月，立爲皇太子。

大曆十四年五月辛酉，代宗崩。癸亥，即皇帝位于太極殿。

閏月甲戌，貶常袞爲河南少尹，以河南少尹崔祐甫爲門下侍郎、同中書門下平章事。丙子，罷諸州府及新羅、渤海貢鷹鷂。戊寅，罷山南貢枇杷、江南甘橘非供宗廟者。辛巳，罷邕府歲貢奴婢。癸未，罷梨園樂工三百人、劍南貢生春酒。甲申，郭子儀爲尙父，兼太尉、中書令。丙戌，罷獻祥瑞，貢器以金銀飾者還之。丁亥，出宮人，放舞象三十有二于荆山之陽。

六月己亥，大赦。賜文武官階、爵，民爲戶者古爵一級。減乘輿服御。士庶田宅、車服踰制者，有司爲立法度。禁百官置邸販鬻。武德、至德將相有功者子孫予官。庚子，進封子宣城郡王誦爲宣王，封子謨爲舒王，諶通王，諒虔王，詳肅王，謙資王。乙己，封弟迺爲益王，迅隋王，遂蜀王。丙午，詔六品以上淸望官，日二人待制。癸丑，命皇族五等以上居四方者，家一人赴山陵。己未，罷揚州貢鏡、幽州貢麝。癸亥，舉可刺史、京令者。

七月戊辰朔，日有食之。庚午，弛邕州金坑禁。辛卯，罷榷酤。

八月甲辰，道州司馬楊炎爲門下侍郎，懷州刺史喬琳爲御史大夫：同中書門下平章事。乙巳，還吐蕃俘。

十月丁酉，吐蕃、雲南蠻寇黎、茂、文、扶四州，鳳翔節度使朱泚、金吾衞大將軍曲環敗之于七盤城。己酉，葬睿文孝武皇帝于元陵。戊午，罷九成宮貢立獸炭、襄州蔗蒻工。辛酉，以沙苑象豕三千給貧民。

十一月壬午，喬琳罷。

十二月乙卯，立宣王誦爲皇太子。丙寅晦，日有食之。

建中元年正月丁卯，改元。羣臣上尊號曰聖神文武皇帝。己巳，朝獻于太清宮。庚午，朝享于太廟。辛未，有事于南郊，大赦。賜文武官階、勳、爵，遣黜陟使于天下，賜子爲父後者勳兩轉。

二月丙申，初定兩稅。

四月乙未，四鎮、北庭行軍別駕劉文喜反于涇州，伏誅。己亥，地震。

六月甲午，崔祐甫薨。

七月丙寅，王國良降。己丑，殺忠州刺史劉晏。

八月丁巳，遙尊母沈氏爲皇太后。

九月己卯，雷。庚寅，睦王述爲奉迎皇太后使。

是冬，無雪。黃河、滹沱、易水溢。

二年正月戊辰，成德軍節度使李寶臣卒，其子惟岳自稱留後，幽州盧龍軍節度使朱滔討之。魏博節度使田悅反，神策都虞候李晟、河東節度使馬燧、昭義軍節度使李抱眞、河陽節度副使李芃討之。永平軍節度使李勉爲汴、滑、陳、懷、鄭、汝、陝、河陽三城、宋、亳、潁節度都統。

二月乙巳，御史大夫盧杞爲門下侍郎、同中書門下平章事。乙卯，振武軍亂，殺其使彭令芳及監軍劉惠光。丁巳，發兵屯關東，誓師于望春樓。山南東道節度使梁崇義反。

五月，京師雨雹。庚申，置待詔官三十人。

六月，熒惑、太白鬭于東井。癸巳，淮寧軍節度使李希烈爲漢南、漢北兵馬招討使，以討梁崇義。辛丑，郭子儀薨。

七月庚申，楊炎罷。檢校尚書右僕射侯希逸爲司空，前永平軍節度使張鎰爲中書侍郎、同中書門下平章事。侯希逸薨。癸未，馬燧、李抱眞及田悅戰于臨洺，敗之。

八月，劍南西川節度使張延賞、東川節度使王叔邕、山南東道節度使賈耽、荆南節度使李昌巙、陳少游討梁崇義，以李希烈爲諸軍都統。辛卯，平盧軍節度使李正己卒，其子納自稱留後。壬子，梁崇義伏誅。

九月，李納陷宋州。李惟岳將張孝忠以易、定二州降。壬戌，賜立功士卒帛，稟死事家三歲。

十月戊申，李納將李洧以徐州降。

十一月辛酉，納寇徐州，宣武軍節度使劉洽敗之于七里溝。丁丑，馬燧及田悅戰于雙岡，敗之。甲申，李納將王涉以海州降。

十二月丁酉，馬萬通以密州降。馬燧爲魏博招討使。

是歲，殺崖州司馬楊炎。

三年正月丙寅，朱滔、成德軍節度使張孝忠及李惟岳戰于束鹿，敗之。辛未，減常膳及太子諸王食物。復榷酤。癸未，李納陷海、密二州。

閏月乙未，李惟岳將康日知以趙州降。甲辰，惟岳伏誅，其將楊榮國以深州降。庚戌，馬燧及田悅戰于洹水，敗之。是月，悅將李再春以博州降，田昂以洺州降。

二月戊午，李惟岳將楊政義以定州降。甲戌，給復易、定、深、趙、恆、冀六州三年，赦吏民爲李惟岳迫脅者。己卯，震通化門。

四月戊午，李納將李士眞以德、棣二州降。甲子，借商錢。甲戌，昭義軍節度副使盧玄卿爲魏博、澶相招討使。戊寅，張鎰罷。壬午，殺殿中侍御史鄭詹。是月，朱滔反，陷德、棣二州。

五月辛卯，朔方軍節度使李懷光討田悅。

六月甲子，京師地震。恆冀觀察使王武俊反。辛巳，李懷光、馬燧、李芃、李抱眞及朱滔、王武俊、田悅戰于連篋山，敗績。

七月壬辰，殿中丞李雲端謀反，伏誅。癸巳，停借商錢令。

八月癸丑，演州司馬李孟秋、峯州刺史皮岸反，伏誅。

九月丁亥，初稅商錢、茶、漆、竹、木。

十月丙辰，吏部侍郎關播爲中書侍郎、同中書門下平章事。李希烈反。丙子，肅王詳薨。

四年正月丁亥，鳳翔節度使張鎰及吐蕃尙結贊盟于清水。庚寅，李希烈陷汝州，執刺史李元平。戊戌，東都、汝行營節度使哥舒曜討李希烈。二月丁卯，克汝州。

三月辛卯，李希烈寇鄂州，刺史李兼敗之。丁酉，荆南節度使張伯儀及李希烈戰于安州，敗績。

四月庚申，李勉爲淮西招討處置使，哥舒曜副之；張伯儀爲淮西應援招討使，賈耽、江南西道節度使嗣曹王臯副之。甲子，京師地震，生毛。丙子，哥舒曜及李希烈戰于潁橋，敗之。

五月辛巳，京師地震。乙酉，潁王璬薨。乙未，劉洽爲淄青、兗鄆招討制置使。

六月庚戌，稅屋間架，算除陌錢。丁卯，徙封邈爲丹王，遘簡王。

七月，馬燧爲魏博、澶相節度招討使。壬辰，盧杞、關播、李忠臣及吐蕃區頰贊盟于京師。

八月丁未，李希烈寇襄城。乙卯，希烈將曹季昌以隋州降。庚申，有星隕于京師。

九月丙戌，神策軍行營兵馬使劉德信及李希烈戰于扈澗，敗績。庚子，舒王謨爲荆襄、江西、沔鄂節度諸軍行營兵馬都元帥，徙封普王。

十月，涇原節度使姚令言反，犯京師。戊申，如奉天。朱泚反。庚戌，泚殺司農卿段秀實及左驍衞將軍劉海賓。鳳翔後營將李楚琳殺其節度使張鎰，自稱留後。癸丑，李希烈陷襄城，宣武軍兵馬使高翼死之。甲寅，朱泚殺涇原節度都虞候何明禮。乙卯，殺尚書右僕射崔寧。丁巳，戶部尚書蕭復爲吏部尚書，吏部郎中劉從一爲刑部侍郎，京兆府戶曹參軍、翰林學士姜公輔爲諫議大夫：同中書門下平章事。朱泚犯奉天，禁軍敗績于城東。辛酉，靈鹽節度留後杜希全、鄜坊節度使李建徽及朱泚戰于漠谷，敗績。癸亥，劉德信及泚戰于思子陵，敗之。甲子，行在都虞候渾瑊及泚戰于城下，敗之，左龍武軍大將軍呂希倩死之。乙丑，將軍高重傑死之。是月，商州軍亂，殺其刺史謝良輔。

十一月，劍南西山兵馬使張朏逐其節度使張延賞，朏伏誅。癸巳，李懷光及朱泚戰于魯店，敗之。懷光爲中書令、朔方邠寧同華陝虢河中晉絳慈隰行營兵馬副元帥。

十二月，朱泚陷華州。壬戌，貶盧杞爲新州司馬。庚午，李希烈陷汴、鄭二州。

興元元年正月癸酉，大赦，改元。去「聖神文武」號。復李希烈、田悅、王武俊、李納官爵。赴奉天收京城將士有罪減三等，子孫減二等，在行營者賜勳五轉。賜文武官階、勳、爵。罷間架、竹木茶漆稅及除陌錢。給復奉天五年，城中十年。關播罷。丙戌，吏部侍郎盧翰爲兵部侍郎、同中書門下平章事。戊子，蕭復爲山南東西、荆湖、淮南、江西、鄂岳、浙江東西、福建、嶺南宣慰安撫使。戊戌，劉洽爲汴滑宋亳都統副使。

二月甲子，李懷光爲太尉，懷光反。丁卯，如梁州。懷光將孟庭保以兵來追，左衞大將軍侯仲莊敗之于驛店。

三月，李懷光奪鄜坊京畿金商節度使李建徽、神策軍兵馬使陽惠元兵，惠元死之。癸酉，魏博兵馬使田緒殺其節度使田悅，自稱留後。甲戌，李懷光殺左廂兵馬使張名振、右武鋒兵馬使石演芬。丁亥，李晟爲京畿、渭北、鄜坊丹延節度招討使，神策行營兵馬使尚可孤爲神策、京畿、渭南、商州節度招討使。壬辰，次梁州。丁酉，劉洽權知汴滑宋亳都統兵馬事。己亥，渾瑊爲朔方、邠寧、振武、永平、奉天行營兵馬副元帥。

四月，李懷光陷坊州。甲辰，李晟爲京畿、渭北、商華兵馬副元帥。甲寅，姜公輔罷。涇原兵馬使田希鑒殺其節度使馮河清，自稱留後。乙丑，渾瑊及朱泚戰于武亭川，敗之。丁卯，義王玼薨。是月，坊州刺史竇覦克坊州。

五月癸酉，涇王侹薨。丙子，李抱眞、王武俊及朱滔戰于經城，敗之。壬辰，尚可孤及朱泚戰于藍田之西，敗之。乙未，李晟又敗之于苑北。戊戌，又敗之于白華，復京師。

六月癸卯，姚令言伏誅。甲辰，朱泚伏誅。己酉，李晟爲司徒、中書令。癸丑，以梁州爲興元府，給復一年，耆老加版授。甲寅，渾瑊爲侍中。己巳，給復洋州一年，加給興元一年，免鳳州今歲稅，父老加版授。

七月丙子，次鳳翔，免今歲秋稅，八十以上版授刺史，餘授上佐。丁丑，葬宗室遇害者。壬午，至自興元。丁亥，李懷光殺宣慰使孔巢父。辛卯，大赦。賜百官將士階、勳、爵，收京城者升八資。給復京兆府一年。是月，嗣曹王皐及李希烈戰于應山，敗之。

八月癸卯，李晟爲鳳翔隴右諸軍、涇原四鎭北庭行營兵馬副元帥，馬燧爲晉、慈、隰諸軍行營兵馬副元帥，渾瑊爲河中、同絳、陝虢諸軍行營兵馬副元帥。丙午，渾瑊兼朔方行營兵馬副元帥。己酉，延王玢、隋王迅薨。

十月辛丑，李勉檢校司徒、同中書門下平章事。

閏月戊子，李希烈將李澄以滑州降。

十一月癸卯，劉洽、邠隴行營節度使曲環及李希烈戰于陳州，敗之。戊午，克汴州。乙丑，蕭復罷。

十二月乙酉，渾瑊及李懷光戰于乾坑，敗績。

是歲，陳王珪薨。

貞元元年正月丁酉，大赦，改元。罷榷稅。

三月，李懷光殺步軍兵馬使田仙浩、都虞候呂鳴岳。丁未，李希烈陷鄧州，殺唐鄧隋招討使黃金岳。

是春，旱。

四月乙丑，徙封誼爲舒王。壬午，渾瑊及李懷光戰于長春宮，敗之。丙戌，馬燧、渾瑊爲河中招撫使。

六月己丑，幽州盧龍軍節度使朱滔卒，涿州刺史劉怦自稱留後。辛卯，劍南西川節度使張延賞爲中書侍郎、同中書門下平章事。戊子，馬燧及李懷光戰于陶城，敗之。

七月，灞、滻竭。庚子，大風拔木。

八月，襲封配饗功臣子孫。甲子，以旱避正殿，減膳。甲戌，李懷光伏誅。己卯，給復河中、同絳二州一年。馬燧爲侍中，張延賞罷。丙戌，李希烈殺宣慰使顏眞卿。

九月辛亥，劉從一罷。庚申，幽州盧龍軍節度使劉怦卒，其子濟自稱留後。

是秋，雨木冰。

十一月癸卯，有事于南郊，大赦，賜奉天興元扈從百官、收京將士階、勳、爵。

二年正月丙申，詔減御膳之半，賙貧乏者授以官。壬寅，盧翰罷。吏部侍郎劉滋爲左散騎常侍，給事中崔造，中書舍人齊映：同中書門下平章事。

二月癸亥，山南東道節度使樊澤及李希烈戰于泌河，敗之。

四月丙寅，希烈伏誅。甲戌，雨土。甲申，給復淮西二年。

五月，李希烈將李惠登以隋州降。己酉，地震。

六月癸未，滄州刺史程日華卒，其子懷直自稱觀察留後。是月，淮西兵馬使吳少誠殺其節度使陳仙奇，自稱留後。

七月，李希烈將薛翼以唐州降，侯召以光州降。

八月丙子，大雨雹。丙戌，吐蕃寇邠、寧、涇、隴四州。

九月乙巳，寇好畤，李晟敗之于汧陽。

十月癸酉，邠寧節度使韓游瓌又敗之于平川。

十一月甲午，立淑妃王氏爲皇后。丁酉，皇后崩。辛丑，吐蕃陷鹽州。

十二月丁巳，陷夏州。馬燧爲綏、銀、麟、勝招討使。庚申，崔造罷。甲戌，以吐蕃寇邊，避正殿。

三年正月壬寅，尙書左僕射張延賞同中書門下平章事。壬子，劉滋罷。貶齊映爲夔州刺史。兵部侍郎柳渾同中書門下平章事。

二月己卯，華州潼關節度使駱元光克鹽、夏二州。甲申，葬昭德皇后于靖陵。

三月丁未，李晟爲太尉。辛亥，馬燧罷副元帥。

五月，揚州江溢。吳少誠殺申州刺史張伯元、殿中侍御史鄭常。

閏月辛未，渾瑊及吐蕃盟于平涼，吐蕃執會盟副使、兵部尙書崔漢衡，殺判官、殿中侍御史韓弇。戊寅，太白晝見。

六月，吐蕃寇鹽、夏二州。丙戌，馬燧爲司徒，前陝虢觀察使李泌爲中書侍郎、同中書門下平章事。

七月甲子，朔方節度使杜希全爲朔方、靈鹽、豐夏綏銀節度都統。壬申，張延賞薨。

八月辛巳朔，日有食之。己丑，柳渾罷。戊申，吐蕃寇青石嶺，隴州刺史蘇淸沔敗之。庚戌，禁大馬出蒲、潼、武關。

九月丁巳，吐蕃寇汧陽。丙寅，陷華亭及連雲堡。

十月甲申，寇豐義，韓游瓌敗之。乙酉，寇長武城，城使韓全義敗之。壬辰，射生將韓欽緒謀反，伏誅。

十一月己卯，京師、東都、河中地震。

十二月庚辰，獵于新店。

四年正月庚戌朔，京師地震。大赦，刺史予一子官，增戶墾田者加階，縣令減選，九品以上官言事。壬申，劉玄佐爲四鎭北庭行營、涇原節度副元帥。是月，金、房二州地震，江溢山裂。雨木冰于陳留。

四月，河南、淮海地生毛。己亥，福建軍亂，逐其觀察使吳詵，大將郝誠溢自稱留後。

五月，吐蕃寇涇、邠、寧、慶、鄜五州。

六月己亥，封子謜爲邕王。

七月庚戌，渾瑊爲邠、寧、慶副元帥。癸丑，寧州軍亂，邠寧都虞候楊朝晟敗之。己未，奚、室韋寇振武。是月，河水黑。

八月，灞水溢。

九月庚申，吐蕃寇寧州，邠寧節度使張獻甫敗之。冬，築夾城。

是歲，京師地震二十。

五年正月甲辰朔，日有食之。

二月庚子，大理卿董晉爲門下侍郎，御史大夫竇參爲中書侍郎：同中書門下平章事。

三月甲辰，李泌薨。

夏，吐蕃寇長武城，韓全義敗之于佛堂原。

九月丙午，劍南西川節度使韋皐敗吐蕃于臺登北谷，克巂州。

十月，嶺南節度使李復克瓊州。

六年春，旱。

閏四月乙卯，詔常參官、畿縣令言事。免京兆府夏稅。

八月辛丑，殺皇太子妃蕭氏。

十一月戊辰，朝獻于太清宮。己巳，朝享于太廟。庚午，有事于南郊。賜文武官階、爵。降四罪，徒以下原之。葬戰亡暴骨者。

是歲，吐蕃陷北庭都護府，節度使楊襲古奔于西州。

七年正月己巳，襄王僙薨。

四月，安南首領杜英翰反，伏誅。

五月甲申，端王遇薨。

九月，回鶻殺楊襲古。

十二月戊戌，睦王述薨。

是冬，無雪。

八年二月庚子，雨土。

三月甲申，宣武軍節度使劉玄佐卒，其子士寧自稱留後。

四月，吐蕃寇靈州。丁亥，殺左諫議大夫知制誥吳通玄。乙未，貶竇參爲郴州別駕。尚書左丞趙憬、兵部侍郎陸贄爲中書侍郎、同中書門下平章事。

五月己未，大風發太廟屋瓦。癸酉，平盧軍節度使李納卒，其子師古自稱留後。

六月，淮水溢。吐蕃寇連雲堡，大將王進用死之。

九月丁巳，韋皐及吐蕃戰于維州，敗之。

十一月壬子朔，日有食之。庚午，山南西道節度使嚴震及吐蕃戰于黑水堡，敗之。是月，幽州盧龍軍節度使劉濟及其弟瀛州刺史澭戰于瀛州，澭敗，奔于京師。

十二月甲辰，獵于城東。

九年正月癸卯，復稅茶。

四月辛酉，關輔、河中地震。

五月甲辰，義成軍節度使賈耽爲尚書右僕射，尚書右丞盧邁同中書門下平章事。丙午，董晉罷。
八月庚戌，李晟薨。
十一月癸未，朝獻于太清宮。甲申，朝享于太廟。乙酉，有事于南郊，大赦。
十二月丙辰，宣武軍將李萬榮逐其節度使劉士寧，自稱留後。
十年正月壬辰，南詔蠻敗吐蕃于神川，來獻捷。
四月癸卯朔，赦京城。戊申，地震。癸丑，又震。是月，太白晝見。
六月丙寅，韋皐敗吐蕃，克峨和城。自春不雨至于是月。辛未，雨，大風拔木。
七月，西原蠻叛。
八月，陷欽、橫、潯、貴四州。
十月，昭義軍節度留後王虔休及攝洺州刺史元誼戰于鷄澤，敗之。
十二月丙辰，獵于城南。壬戌，貶陸贄爲太子賓客。
十一年四月丙寅，奚寇平州，劉濟敗之于青都山。
五月庚午，中書門下慮囚。

八月辛亥，馬燧薨。
九月，横海軍兵馬使程懷信逐其兄節度使懷直，自稱留後。
十月，朗、蜀二州江溢。
十二月戊辰，獵于苑中。
十二年二月己卯，吐蕃寇巂州，刺史曹高仕敗之。
三月丙辰，韶王暹薨。
四月庚午，魏博節度使田緒卒，其子季安自稱留後。
六月己丑，宣武軍節度使李萬榮卒，其子迺自稱兵馬使，伏誅。
七月戊戌，韓王迥薨。
八月己未朔，日有食之。丙戌，趙憬薨。
九月，吐蕃寇慶州。
十月甲戌，右諫議大夫崔損、給事中趙宗儒同中書門下平章事。
十三年正月壬寅，吐蕃請和。

四月辛酉，以旱慮囚。壬戌，雩于興慶宮。
五月壬寅，吐蕃寇巂州，曹高仕敗之。庚戌，義寧軍亂，殺其將常楚客。
七月乙未，京師地震。
九月己丑，盧邁罷。

十四年三月丙申，鳳翔監軍使西門去奢殺其將夏侯衍。
五月己酉，始雷。
閏月辛亥，有星隕于西北。辛酉，長武城軍亂，逐其使韓全義。
六月丙申，歸化堡軍亂，逐其將張國誠，涇原節度使劉昌敗之。
七月壬申，趙宗儒罷。工部侍郞鄭餘慶爲中書侍郞、同中書門下平章事。
九月丁卯，杞王倕薨。
十二月壬寅，明州將栗鍠殺其刺史盧雲以反。
是冬，無雪，京師饑。

十五年正月甲寅，雅王逸薨。壬戌，郴州藍山崩。

二月乙酉，宣武軍亂，殺節度行軍司馬陸長源，宋州刺史劉逸淮自稱留後。

三月甲寅，彰義軍節度使吳少誠反，陷唐州，守將張嘉瑜死之。

四月乙未，栗鍠伏誅。

九月乙巳，陳許節度留後上官涚及吳少誠戰于臨潁，敗績。丙午，少誠寇許州。庚戌，宣武軍節度使劉全諒卒，都知兵馬使韓弘自稱留後。丙辰，宣武、河陽、鄭滑、東都汝、成德、幽州、淄青、魏博、易定、澤潞、河東、淮南、徐泗、山南東西、鄂岳軍討吳少誠。

十月己丑，邕王謜薨。

十一月丁未，山南東道節度使于頔及吳少誠戰于吳房，敗之。陳許節度使上官涚又敗之于柴籬。辛亥，安黄節度使伊愼又敗之于鍾山。

十二月庚午，壽州刺史王宗又敗之于秋栅。辛未，渾瑊薨。乙未，諸道兵潰于小溵河。

十六年正月乙巳，易定兵及吳少誠戰，敗績。

二月乙酉，鹽夏綏銀節度使韓全義爲蔡州行營招討處置使，上官涚副之。

四月丁亥，黔中宴設將傅近逐其觀察使吳士宗。

五月庚戌，韓全義及吳少誠戰于廣利城，敗績。壬子，徐泗濠節度使張建封卒，其子愔自稱知軍事。

七月丁巳，伊愼及吳少誠戰于申州，敗之。己未，韋皐克吐蕃末恭城。丙寅，韓全義及吳少誠戰于五樓，敗績。

八月，劉濟及其弟涿州刺史源戰于涿州，源敗，執之。己丑，殺遂州別駕崔位。韋皐克吐蕃顒城。

九月庚戌，貶鄭餘慶爲郴州司馬。庚申，太常卿齊抗爲中書侍郎、同中書門下平章事。

十月辛未，殺通州別駕崔河圖。

是歲，京師饑。

十七年二月丁酉，大雨雹。己亥，霜。乙巳，韋皐及吐蕃戰于鹿危山，敗之。戊申，大雨雹，震電。庚戌，大雪，雨雹。

五月壬戌朔，日有食之。

六月丙申，寧州軍亂，殺其刺史劉南金。己亥，浙西觀察使李錡殺上封事人崔善貞。丁巳，成德軍節度使王武俊卒，其子士眞自稱留後。

七月，隕霜殺菽。戊寅，吐蕃寇鹽州。己丑，陷麟州，刺史郭鋒死之。

九月乙亥，韋皐敗吐蕃于雅州，克木波城。

是歲，嘉王運薨。

十八年七月乙亥，罷正衙奏事。

十二月，環王陷驩、愛二州。

十九年二月己亥，安南將王季元逐其經略使裴泰，兵馬使趙均敗之。

三月壬子，淮南節度使杜佑檢校司空、同中書門下平章事。

七月己未，齊抗罷。自正月不雨至于是月。甲戌，雨。

閏十月庚戌，鹽州將李庭俊反，伏誅。丁巳，崔損薨。

十二月庚申，太常卿高郢爲中書侍郎，吏部侍郎鄭珣瑜爲門下侍郎：同中書門下平章事。

二十年二月庚戌，大雨雹。七月癸酉，大雨雹。

冬，雨木冰。

二十一年正月癸巳，皇帝崩于會寧殿，年六十四。

順宗至德弘道大聖大安孝皇帝諱誦，德宗長子也。母曰昭德皇后王氏。始封宣城郡王，大曆十四年六月，進封宣王。十二月乙卯，立爲皇太子。

爲人寬仁，喜學藝，善隸書，禮重師傅，見輒先拜。從德宗幸奉天，常執弓矢居左右。郜國公主以蠱事得罪，太子妃，其女也，德宗疑之，幾廢者屢矣，賴李泌保護，乃免。後侍宴魚藻宮，張水嬉綵艦，宮人爲櫂歌，絫樂間發，德宗驩甚，顧太子曰：「今日何如？」太子誦詩「好樂無荒」以爲對。及裴延齡、韋渠牟用事，世皆畏其爲相，太子每候顏色，陳其不可。故二人者卒不得用。

貞元二十年，太子病風且瘖。

二十一年正月，不能朝。是時，德宗不豫，諸王皆侍左右，惟太子臥病，不能見，德宗悲傷涕泣，疾有加。癸巳，德宗崩。丙申，卽皇帝位于太極殿。

二月癸卯，朝羣臣于紫宸門。辛亥，吏部侍郎韋執誼爲尙書左丞、同中書門下平章事。

甲子，大赦。罷宮市。民百歲版授下州刺史，婦人郡君；九十以上上佐，婦人縣君。乙丑，罷鹽鐵使月進。

三月庚午，放後宮三百人。癸酉，放後宮及教坊女妓六百人。癸巳，立廣陵郡王純爲皇太子。

四月壬寅，封弟諤爲欽王，誡珍王；進封子建康郡王經郯王，洋川郡王緯均王，臨淮郡王縱溆王，弘農郡王紓莒王，漢東郡王綱密王〔一〕，晉陵郡王總郇王，高平郡王約邵王，雲安郡王結宋王，宣城郡王緗集王，德陽郡王絿冀王，河東郡王綺和王；封子絢爲衡王，纁會王，綰福王，紘撫王，緄岳王，紳袁王，綸桂王，繟翼王。戊申，以册皇太子，降死罪以下，賜文武官子爲父後者勳兩轉。

七月辛卯，横海軍節度使程懷信卒，其子執恭自稱留後。乙未，皇太子權句當軍國政事。太常卿杜黃裳爲門下侍郎，左金吾衞大將軍袁滋爲中書侍郎：同中書門下平章事。鄭珣瑜、高郢罷。

永貞元年八月庚子，立皇太子爲皇帝，自稱曰太上皇。辛丑，改元。降死罪以下。立良娣王氏爲太上皇后。

元和元年正月，皇帝率羣臣上尊號曰應乾聖壽太上皇。是月，崩于咸寧殿，年四十六，謚曰至德大聖大安孝皇帝。大中三年，增謚至德弘道大聖大安孝皇帝。

憲宗昭文章武大聖至神孝皇帝諱純，順宗長子也。母曰莊憲皇太后王氏。貞元四年六月己亥，封廣陵郡王。二十一年三月，立爲皇太子。

永貞元年八月，順宗詔立爲皇帝。乙巳，卽皇帝位于太極殿。丁未，始聽政。庚戌，罷獻祥瑞。癸丑，劍南西川節度使韋臯卒，行軍司馬劉闢自稱留後。戊午，天有聲于西北。己未，袁滋爲劍南西川、山南西道安撫大使。癸亥，尚書左丞鄭餘慶同中書門下平章事。

九月己巳，罷教坊樂工正員官。

十月丁酉，爲曾太皇太后擧哀。賈耽薨。戊戌，舒王誼薨。袁滋罷。己酉，葬神武聖文皇帝于崇陵。

十一月己巳，祔睿眞皇后于元陵寢宮。壬申，貶韋執誼爲崖州司馬。夏綏銀節度留後楊惠琳反。

十二月壬戌，中書舍人鄭絪爲中書侍郎、同中書門下平章事。

元和元年正月丁卯，大赦，改元。賜文武官階、勳、爵，民高年者米帛羊酒。癸未，長武城使高崇文爲左神策行營節度使，率左右神策京西行營兵馬使李元奕、山南西道節度使嚴礪、劍南東川節度使李康以討劉闢。甲申，太上皇崩。劉闢陷梓州，執李康。

三月丙子，高崇文克梓州。辛巳，楊惠琳伏誅。

四月丁未，杜佑爲司徒。壬戌，邵王約薨。初令尙書省六品、諸司四品以上職事官，太子師傅、賓客、詹事，王府傅，日二人待制。

五月辛卯，尊母爲皇太后。

六月癸巳，降死罪以下。賜百姓有父母祖父母八十以上者粟二斛、物二段，九十以上粟三斛、物三段。丙申，大風拔木。丁酉，高崇文及劉闢戰于鹿頭栅，敗之。癸卯，嚴礪又敗之于石碑谷。

閏月壬戌，平盧軍節度使李師古卒，其弟師道自稱留後。

七月壬寅，葬至德大聖大安孝皇帝于豐陵。癸丑，高崇文及劉闢戰于玄武，敗之。

八月丁卯，進封子平原郡王寧爲鄧王，同安郡王寬澧王，延安郡王宥遂王，彭城郡王察深王，高密郡王寰洋王，文安郡王寮絳王；封子審爲建王。

九月丙午，嚴礪及劉闢戰于神泉，敗之。辛亥，高崇文克成都。

十月甲子，減劍南東西川、山南西道今歲賦，釋脅從將吏。葬陣亡者，稟其家五歲。戊子，劉闢伏誅。

十一月庚戌，鄭餘慶罷。

是歲，召王偲薨。

二年正月己丑，朝獻于太淸宮。庚寅，朝享于太廟。辛卯，有事于南郊，大赦。賜文武官勳、爵，文宣公、二王後、三恪、公主、諸王一子官，高年米帛羊酒加版授。乙巳，杜黄裳罷。己酉，御史中丞武元衡爲門下侍郎，中書舍人李吉甫爲中書侍郎：同中書門下平章事。

二月己巳，罷兩省官次對。癸酉，邕管經略使路恕敗黄洞蠻，執其首領黄承慶。

九月乙酉，密王綢薨。

十月，鎭海軍節度使李錡反，殺留後王澹。乙丑，淮南節度使王鍔爲諸道行營兵馬招討使以討之。丁卯，武元衡罷。癸酉，鎭海軍兵馬使張子良執李錡。己卯，免潤州今歲稅。

十一月甲申，李錡伏誅。

十二月丙寅，劍南西川節度使高崇文爲邠寧節度、京西諸軍都統。

三年正月癸巳，羣臣上尊號曰睿聖文武皇帝，大赦。罷諸道受代進奉錢。

三月癸巳，郇王緫薨。

四月壬申，大風壞含元殿西闕檻。

六月，西原蠻首領黃少卿降。

七月辛巳朔，日有食之。

九月庚寅，山南東道節度使于頔爲司空、同中書門下平章事。丙申，戶部侍郎裴垍爲中書侍郎、同中書門下平章事。戊戌，李吉甫罷。

四年正月壬午，免山南東道、淮南、江西、浙東、湖南、荆南今歲稅。戊子，簡王遘薨。

二月丁卯，鄭絪罷。給事中李藩爲門下侍郎、同中書門下平章事。

三月乙酉，成德軍節度使王士眞卒，其子承宗自稱留後。

閏月己酉，以旱降京師死罪非殺人者，禁刺史境內榷率、諸道旨條外進獻、嶺南黔中福建掠良民爲奴婢者，省飛龍廄馬。己未，雨。丁卯，立鄧王寧爲皇太子。

七月癸亥，吐蕃請和。

八月丙申，環王寇安南，都護張舟敗之。

十月辛巳，成德軍節度使王承宗反，執保信軍節度使薛昌朝。癸未，左神策軍護軍中尉吐突承璀爲左右神策、河陽、浙西、宣歙、鎭州行營兵馬招討處置使以討之。戊子，承璀爲鎭州招討宣慰使。癸巳，降死罪以下，賜文武官子爲父後者勳兩轉。

十一月己巳，彰義軍節度使吳少誠卒，其弟少陽自稱留後。

五年正月己巳，左神策軍大將軍酈定進及王承宗戰，死之。

三月甲子，大風拔木。

四月丁亥，河東節度使范希朝、義武軍節度使張茂昭及王承宗戰于木刀溝，敗之。

七月丁未，赦王承宗。乙卯，幽州盧龍軍節度使劉濟卒，其子總自稱留後。

九月丙寅，太常卿權德輿爲禮部尚書、同中書門下平章事。

十月，張茂昭以易、定二州歸于有司。辛巳，義武軍都虞候楊伯玉反，伏誅。是月，義武軍兵馬使張佐元反，伏誅。

十一月甲辰，會王纁薨。庚申，裴垍罷。

六年正月庚申，淮南節度使李吉甫爲中書侍郎、同中書門下平章事。

二月壬申，李藩罷。己丑，忻王造薨。

三月戊戌，有星隕于鄆州。

十二月己丑，戶部侍郎李絳爲中書侍郎、同中書門下平章事。

閏月辛卯，辰、溆州首領張伯靖反，寇播、費二州。辛亥，皇太子薨。

七年正月癸酉，振武河溢，毀東受降城。

四月癸巳，詔民田畝樹桑二。

六月癸巳，杜佑罷。

七月乙亥，立遂王宥爲皇太子。

八月戊戌，魏博節度使田季安卒，其子懷諫自稱知軍府事。

九月，京師地震。

十月乙未，魏博軍以田季安之將田興知軍事。庚戌，降死罪以下，賜文武官子爲父後者勳兩轉。是月，魏博節度使田興以六州歸于有司。

十一月辛酉，赦魏、博、貝、衞、澶、相六州，給復一年，賜高年、孤獨、廢疾粟帛，賞軍士。

八年正月辛未，權德輿罷。
二月丁酉，貶于頔爲恩王傅。
三月甲子，劍南西川節度使武元衡爲門下侍郎、同中書門下平章事。
四月己亥，黔中經略使崔能討張伯靖。
五月癸亥，荆南節度使嚴綬討伯靖。丁丑，大隗山崩。
六月辛卯，渭水溢。辛丑，出宮人。
七月己巳，劍南東川節度使潘孟陽討張伯靖。
八月辛巳，湖南觀察使柳公綽討伯靖。丁未，伯靖降。
十二月庚寅，振武將楊遵憲反，逐其節度使李進賢。

九年二月癸卯，李絳罷。
三月丙辰，嶲州地震。丁卯，隕霜殺桑。
五月乙丑，桂王綸薨。癸酉，以旱免京畿夏稅。
六月壬寅，河中節度使張弘靖爲刑部尙書、同中書門下平章事。

閏八月丙辰，彰義軍節度使吳少陽卒，其子元濟自稱知軍事。

九月丁亥，山南東道節度使嚴綬、忠武軍都知兵馬使李光顏、壽州團練使李文通、河陽節度使烏重胤討之。

十月，太白晝見。丙午，李吉甫薨。甲子，嚴綬爲申、光、蔡招撫使。

十一月戊子，罷京兆府臘獻狐兔。

十二月，詔刑部、大理官朔望入對。戊辰，尙書右丞韋貫之同中書門下平章事。

十年正月乙酉，宣武軍節度使韓弘爲司徒。

二月甲辰，嚴綬及吳元濟戰于磁丘，敗績。自冬不雨至于是月。丙午，雪。壬戌，河東戍將劉輔殺豐州刺史燕重盱，伏誅。

三月庚子，忠武軍節度使李光顏及吳元濟戰于臨潁，敗之。四月甲辰，又敗之于南頓。五月丙申，又敗之于時曲。

六月癸卯，盜殺武元衡。戊申，京師大索。乙丑，御史中丞裴度爲中書侍郎、同中書門下平章事。

七月甲戌，王承宗有罪，絕其朝貢。

八月己亥朔，日有食之。丁未，李師道將訾嘉珍反于東都，留守呂元膺敗之。乙丑，李光顏及吳元濟戰于時曲，敗績。

九月癸酉，韓弘爲淮西行營兵馬都統。

十月，地震。

十一月壬申，李光顏、烏重胤及吳元濟戰于小溵河，敗之。丁丑，李文通又敗之于固始。戊寅，盜焚獻陵寢宮。

十二月甲辰，武寧軍都押衙王智興及李師道戰于平陰，敗之。

是歲，丹王逾薨。

十一年正月己巳，張弘靖罷。乙亥，幽州盧龍軍節度使劉總及王承宗戰于武彊，敗之。癸未，免鄜坊州二歲稅。甲申，盜斷建陵門戟。

二月庚子，王承宗焚蔚州。乙巳，中書舍人李逢吉爲門下侍郎、同中書門下平章事。乙丑，地震。

三月庚午，皇太后崩。

四月庚子，李光顏、烏重胤及吳元濟戰于凌雲柵，敗之。乙卯，劉總及王承宗戰于深州，敗之。己未，免京畿二歲逋稅。

五月丁卯，宥州軍亂，逐其刺史駱怡，夏綏銀節度使田縉敗之。丁亥，雲南蠻寇安南。

六月，密州海溢。甲辰，唐鄧節度使高霞寓及吳元濟戰于鐵城，敗績。

七月壬午，韓弘及元濟戰于郾城，敗之。丙戌，免淮西鄰賊州夏稅。

八月甲午，渭水溢。壬寅，韋貫之罷。戊申，西原蠻陷賓、巒二州。己未，昭義軍節度使郗士美及王承宗戰于柏鄉，敗之。庚申，葬莊憲皇太后于豐陵。

十一月乙丑，邕管經略使韋悅克賓、巒二州。甲戌，元陵火。

十二月丁未，翰林學士、工部侍郎王涯爲中書侍郎、同中書門下平章事。己未，西原蠻陷巖州。

是冬，桃李華。

十二年正月丁丑，地震。戊子，有彗星出于畢。

四月辛卯，唐鄧隋節度使李愬及吳元濟戰于嵖岈山，敗之。乙未，李光顏又敗之于郾城。

五月辛酉，李愬又敗之于張柴。

七月丙辰，裴度爲淮西宣慰處置使，戶部侍郎崔羣爲中書侍郎、同中書門下平章事。

八月癸亥，烏重胤及吳元濟戰于賈店，敗績。

九月丁未，李逢吉罷。甲寅，李愬及吳元濟戰于吳房，敗之。

十月癸酉，克蔡州。甲戌，淮南節度使李鄘爲門下侍郎、同中書門下平章事。甲申，給復淮西二年，免旁州來歲夏稅。葬戰士，稟其家五年。

十一月丙戌，吳元濟伏誅。甲午，恩王連薨。

是歲，容管經略使陽旻克欽、橫、潯、貴四州。

十三年正月乙酉，大赦，免元和二年以前逋負，賜高年米帛羊酒。

三月戊戌，御史大夫李夷簡爲門下侍郎、同中書門下平章事。李鄘罷。己酉，橫海軍節度使程權以滄、景二州歸于有司，權朝于京師。

四月甲寅，王承宗獻德、棣二州。庚辰，赦承宗。

六月癸丑朔，日有食之。癸亥，給復德、棣、滄、景四州一年。辛未，淮水溢。

七月乙酉，宣武、魏博、義成、橫海軍討李師道。辛丑，李夷簡罷。

八月壬子，王涯罷。

九月甲辰，戶部侍郎皇甫鎛，諸道鹽鐵轉運使程异爲工部侍郎：同中書門下平章事。

十月壬戌，吐蕃寇宥州，靈武節度使杜叔良敗之于定遠城。
十一月丁亥，命山人柳泌爲台州刺史以求藥。
十二月，庚戌，迎佛骨于鳳翔。

十四年正月丙午，田弘正及李師道戰于陽穀，敗之。
二月戊午，師道伏誅。
四月辛未，程异薨。丙子，裴度罷。
七月戊寅，韓弘以汴、宋、亳、潁四州歸于有司，弘朝于京師。己丑，羣臣上尊號曰元和聖文神武法天應道皇帝。大赦，賜文武官階、勳、爵。遣黜陟使于天下。辛卯，沂海將王弁殺其觀察使王遂，自稱留後。丁酉，河陽節度使令狐楚爲中書侍郎、同中書門下平章事。
八月己酉，韓弘爲中書令。
九月戊寅，王弁伏誅。
十月壬戌，安南將楊清殺其都護李象古以反。癸酉，吐蕃寇鹽州。
十一月辛卯，朔方將史敬奉及吐蕃戰于瓠蘆河，敗之。
十二月乙卯，崔羣罷。

十五年正月，宦者陳弘志等反。庚子，皇帝崩，年四十三，諡曰聖神章武孝皇帝。大中三年，加諡昭文章武大聖至神孝皇帝。

贊曰：德宗猜忌刻薄，以彊明自任，恥見屈於正論，而忘受欺於姦諛。故其疑蕭復之輕己，謂姜公輔爲賣直，而不能容；用盧杞、趙贊，則至於敗亂，而終不悔。及奉天之難，深自懲艾，遂行姑息之政。由是朝廷益弱，而方鎭愈彊，至於唐亡，其患以此。憲宗剛明果斷，自初卽位，慨然發憤，志平僭叛，能用忠謀，不惑羣議，卒收成功。自吳元濟誅，彊藩悍將皆欲悔過而効順。當此之時，唐之威令，幾於復振，則其爲優劣，不待較而可知也。及其晚節，信用非人，不終其業，而身罹不測之禍，則尤甚於德宗。嗚呼！小人之能敗國也，不必愚君暗主，雖聰明聖智，苟有惑焉，未有不爲患者也。昔韓愈言，順宗在東宮二十年，天下陰受其賜。然享國日淺，不幸疾病，莫克有爲，亦可以悲夫！

校勘記

〔一〕漢東郡王綱密王　「綱」，下文憲宗紀、本書卷七〇下宗室世系表、卷八二十一宗諸子傳及舊書卷一四順宗紀皆作「綱」。

唐書卷八

本紀第八

穆宗　敬宗　文宗　武宗　宣宗

穆宗睿聖文惠孝皇帝諱恆，憲宗第三子也。母曰懿安皇太后郭氏。始封建安郡王，進封遂王，遙領彰義軍節度使。元和七年，惠昭太子薨，左神策軍中尉吐突承璀欲立澧王惲，而惲母賤不當立，乃立遂王爲皇太子。

十五年正月庚子，憲宗崩，陳弘志殺吐突承璀及澧王。辛丑，遺詔皇太子卽皇帝位于柩前，司空兼中書令韓弘攝冢宰。

閏月丙午，皇太子卽皇帝位于太極殿。丁未，貶皇甫鎛爲崖州司戶參軍。戊申，始聽政。辛亥，御史中丞蕭俛、中書舍人翰林學士段文昌爲中書侍郎、同中書門下平章事。乙卯，尊母爲皇太后。戊辰，京師地震。

二月丁丑，大赦。賜文武官階、爵，高年粟帛，二王後、三恪、文宣公、嗣王、公主、縣主、武德配饗及第一等功臣家予一子官。放沒掖庭者。幸丹鳳門觀俳優。丁亥，幸左神策軍觀角觝、倡戲。乙未，吐蕃寇靈州。丙申，丹王逾薨。

三月乙巳，杜叔良及吐蕃戰，敗之。戊辰，大風，雨雹。辛未，楊淸伏誅。

五月庚申，葬聖神章武孝皇帝于景陵。

六月丁丑，韓弘罷。

七月丁卯，令狐楚罷。

八月乙酉，容管經略留後嚴公素及黃洞蠻戰于神步，敗之。戊戌，御史中丞崔植爲中書侍郎、同中書門下平章事。

九月辛丑，觀競渡、角觝于魚藻宮，用樂。

十月庚辰，王承宗卒。辛巳，成德軍觀察支使王承元以鎭、趙、深、冀四州歸于有司。癸未，吐蕃寇涇州，右神策軍中尉梁守謙爲左右神策、京西、京北行營都監以禦之。丙戌，吐蕃遁。

十一月癸卯，赦鎭、趙、深、冀四州死罪以下，賜成德軍將士錢。

十二月庚辰，獵于城南。壬午，擊鞠于右神策軍，遂獵于城西。甲申，獵于苑北。

長慶元年正月己亥，朝獻于太淸宮。庚子，朝享于太廟。辛丑，有事于南郊。大赦，改元，賜文武官階、勳、爵。己未，有星孛于翼。壬戌，蕭俛罷。丁卯，有星孛于太微。

二月乙亥，觀樂于麟德殿。丙子，觀神策諸軍雜伎。己卯，劉總以盧龍軍八州歸于有司。壬午，段文昌罷。翰林學士、戶部侍郎杜元穎同中書門下平章事。辛卯，擊鞠于麟德殿。

三月庚戌，太白晝見。丁巳，赦幽、涿、檀、順、瀛、莫、營、平八州死罪以下〔一〕，給復一年。賜盧龍軍士錢。戊午，封弟憬爲鄜王，悅瓊王，恂沔王，懌婺王，愔茂王，怡光王，協淄王，憺衢王，忱澶王；子湛爲鄂王，涵江王，湊漳王，溶安王，瀍潁王。是月，徙封湛爲景王。

五月丙辰，建王審薨。

六月，有彗星出于昴。辛未，吐蕃寇青塞烽，鹽州刺史李文悅敗之。

七月甲辰，幽州盧龍軍都知兵馬使朱克融囚其節度使張弘靖以反。壬子，羣臣上尊號曰文武孝德皇帝。大赦，賜文武官階、勳、爵。壬戌，成德軍大將王廷湊殺其節度使田弘正以反。

八月壬申，朱克融陷莫州。癸酉，王廷湊陷冀州，刺史王進岌死之。丙子，瀛州軍亂，執其觀察使盧士玫，叛附于朱克融。王廷湊寇深州。丁丑，魏博、横海、昭義、河東、義武兵討王廷湊。己丑，裴度爲幽、鎭招撫使。

九月乙巳，相州軍亂，殺其刺史邢濋。

十月丙寅，諸道鹽鐵轉運使、刑部尙書王播爲中書侍郎、同中書門下平章事。裴度爲鎭州西面行營都招討使。左領軍衞大將軍杜叔良爲深州諸道行營節度使。戊寅，王廷湊陷貝州。己卯，易州刺史柳公濟及朱克融戰于白石，敗之。庚辰，横海軍節度使烏重胤及王廷湊戰于饒陽，敗之。辛卯，靈武節度使李進誠及吐蕃戰于大石山，敗之。

十一月甲午，裴度及王廷湊戰于會星，敗之。丙申，朱克融寇定州，義武軍節度使陳楚敗之。

十二月庚午，杜叔良及王廷湊戰于博野，敗績。丁丑，陳楚及朱克融戰于望都，敗之。乙酉，赦朱克融。己丑，陳楚及克融戰于淸源，敗之。

二年正月庚子，魏博軍潰于南宮。癸卯，魏博節度使田布自殺，兵馬使史憲誠自稱留後。海州海冰。

二月甲子，赦王廷湊。辛巳，崔植罷。工部侍郎元稹同中書門下平章事。戊子，昭義軍節度使劉悟囚其監軍使劉承偕。

三月乙巳，武寧軍節度副使王智興逐其節度使崔羣。戊午，守司徒、淮南節度使裴度同中書門下平章事。王播罷。

四月辛酉朔，日有食之。壬戌，成德軍節度使牛元翼奔于京師，王廷湊陷深州。

五月壬寅，邕州刺史李元宗叛，奔于黃洞蠻。

六月癸亥，宣武軍宿直將李臣則逐其節度使李愿，衙門都將李㝏反。甲子，裴度、元稹罷。兵部尚書李逢吉爲門下侍郎、同中書門下平章事。乙丑，大風落太廟鴟尾。癸酉，吐蕃寇靈州，鹽州刺史趙旰敗之。

七月丙申，宋王結薨。戊申，李㝏陷宋州。丙辰，兗鄆節度使曹華及李㝏戰于宋州，敗之。丁巳，忠武軍節度使李光顏又敗之于尉氏。

八月壬申，宣武軍節度使韓充又敗之于郭橋。丙子，李㝏伏誅。癸未，詔瘞汴、宋、鄭三州戰亡者，稟其家三歲。

九月戊子，鎭海軍將王國淸謀反，伏誅。丙申，德州軍亂，殺其刺史王稷。

十月己卯，獵于咸陽。

十一月庚午，皇太后幸華清宮。癸酉，迎皇太后，遂獵于驪山。丙子，集王緗薨。

十二月丁亥，不豫，放五坊鷹隼及供獵狐兔。癸巳，立景王湛爲皇太子。癸丑，降死罪以下，賜文武常參及州府長官子爲父後者勳兩轉，宗子諸親一轉。

是冬，無冰，草木萌。

三年三月壬戌，御史中丞牛僧孺爲戶部侍郎、同中書門下平章事。癸亥，淮南、浙東西、江南、宣歙旱，遣使宣撫，理繫囚，察官吏。

四月甲午，陸州獠反。

五月壬申，京師雨雹。

七月丙寅，黃洞蠻陷欽州。

九月壬子朔，日有食之。

十月己丑，杜元穎罷。辛卯，黃洞蠻寇安南。

四年正月辛亥，降死罪以下，減流人一歲。賜文武官及宗子、賀正使階、勳、爵。詔百官言事。辛未，以皇太子權句當軍國政事。壬申，皇帝崩于淸思殿，年三十。

敬宗睿武昭愍孝皇帝諱湛，穆宗長子也。母曰恭僖皇太后王氏。始封鄂王，徙封景王。

長慶二年十二月，穆宗因擊毬暴得疾，不見羣臣者三日。左僕射裴度三上疏，請立皇太子，而翰林學士、兩省官相次皆以爲言。居數日，穆宗疾少閒，宰相李逢吉請立景王爲皇太子。

四年正月，穆宗崩。癸酉，門下侍郎、平章事李逢吉攝冢宰。丙子，皇太子卽皇帝位于太極殿。

二月辛巳，始聽政。癸未，尊母爲皇太后，皇太后爲太皇太后。辛卯，放掖庭內園沒入者。丁未，擊鞠于中和殿。戊申，擊鞠于飛龍院。黃洞蠻降。己酉，擊鞠，用樂。

三月壬子，大赦。免京畿、河南青苗稅，減宮禁經費、乘輿服膳，罷貢鷹犬。元和以來，兩河藩鎭歸地者予一子官。庚午，太白經天。

四月丙申，擊鞠于淸思殿。染坊匠張韶反，幸左神策軍，韶伏誅。丁酉，還宮。

五月乙卯，吏部侍郎李程、戶部侍郎判度支竇易直同中書門下平章事。

六月庚辰，大風壞延喜、景風門。

是夏，漢水溢。

八月丁亥，太白晝見。丁酉，中官季文德謀反，伏誅。黃洞蠻寇安南。

十一月戊午，環王及黃洞蠻陷陸州，刺史葛維死之。庚申，葬睿聖文惠孝皇帝于光陵。

寶曆元年正月己酉，朝獻于太淸宮。庚戌，朝享于太廟。辛亥，有事于南郊。大赦，改元。乙卯，牛僧孺罷。

四月癸巳，羣臣上尊號曰文武大聖廣孝皇帝。大赦。賜文武官階、爵。

五月庚戌，觀競渡于魚藻宮。

九月壬午，昭義軍節度使劉悟卒，其子從諫自稱留後。

十一月丙申，封子普爲晉王。

二年正月甲戌，發神策六軍穿池于禁中。

二月丁未，山南西道節度使裴度守司空、同中書門下平章事。

三月戊寅，觀競渡于魚藻宮。

四月戊戌，橫海軍節度使李全略卒，其子同捷反。

五月戊寅，觀競渡于魚藻宮。庚辰，幽州盧龍軍亂，殺其節度使朱克融，其子延嗣自稱節度使。

六月辛酉，觀漁于臨碧池。甲子，觀驢鞠、角觝于三殿。

七月癸未，衡王絢薨。以渼陂隸尚食，禁民漁。

八月丙午，觀競渡于新池。

九月甲戌，觀百戲于宣和殿，三日而罷。戊寅，幽州盧龍軍兵馬使李載義殺朱延嗣，自稱留後。壬午，李程罷。

十一月甲申，李逢吉罷。己丑，禁朝官、方鎭置私白身。

十二月，中官劉克明反。辛丑，皇帝崩，年十八。

文宗元聖昭獻孝皇帝諱昂，穆宗第二子也。母曰貞獻皇太后蕭氏。始封江王。

寶曆二年十二月，敬宗崩，劉克明等矯詔以絳王悟句當軍國事。壬寅，內樞密使王守澄、楊承和、神策護軍中尉魏從簡、梁守謙奉江王而立之，率神策六軍、飛龍兵誅克明，殺絳王。乙巳，江王卽皇帝位于宣政殿。戊申，始聽政。尊母爲皇太后。庚戌，兵部侍郎、翰林學士韋處厚爲中書侍郎、同中書門下平章事。庚申，出宮人三千，省教坊樂工、翰林伎術冗員千二百七十人，縱五坊鷹犬，停貢纂組雕鏤、金筐寶飾牀榻。

大和元年二月乙巳，大赦，改元。免京兆今歲夏稅半。賜九廟陪位者子孫一階，立功將士階、爵，始封諸王後予一子出身。

五月戊辰，罷宰臣奏事監搜。丙子，橫海軍節度使烏重胤討李同捷。

六月癸巳，淮南節度副大使王播爲尚書左僕射、同中書門下平章事。乙卯，以旱降京畿死罪以下。

七月癸酉，葬睿武昭愍孝皇帝于莊陵。

十一月庚辰，橫海軍節度使李寰討李同捷。

十二月庚戌，王智興爲滄州行營招撫使。

二年正月壬申，地震。

六月乙卯，晉王普薨。己巳，大風拔木。乙亥，峯州刺史王昇朝反，伏誅。

是夏，河溢，壞棣州城；越州海溢。

七月辛丑，魏博節度使史憲誠及同捷戰于平原，敗之。甲辰，有彗星出于右攝提。

八月己巳，王廷湊反。壬申，義武軍節度使柳公濟及廷湊戰于新樂，敗之。己卯，劉從諫又敗之于臨城。辛巳，史憲誠及李同捷戰于平原，敗之。癸未，劉從諫及王廷湊戰于昭慶，敗之。

九月癸卯，柳公濟又敗之于博野。丁未，岳王緄薨。庚戌，安南軍亂，逐其都護韓約。

十月庚申，史憲誠及李同捷戰于平原，敗之。丁卯，洋王忻薨。癸酉，竇易直罷。戊寅，史憲誠及李同捷戰于平原，敗之。壬午，幽州盧龍軍節度使李載義又敗之于長蘆。

十一月壬辰，給復棣州一年，稟戰士創廢者終身。甲辰，昭德寺火。

十二月乙丑，魏博行營兵馬使丌志沼反。壬申，韋處厚薨。戊寅，兵部侍郎、翰林學士路隋爲中書侍郎、同中書門下平章事。

三年正月丁亥，宣武、河陽兵討丌志沼。庚子，志沼奔于鎮州。

三月乙酉，罷教坊日直樂工。乙巳，以太原兵馬使傅毅爲義武軍節度使，義武軍不受命，都知兵馬使張璠自稱節度使。戊申，以璠爲義武軍節度使。

四月戊辰，滄景節度使李祐克德州，李同捷降。乙亥，滄德宣慰使柏耆以同捷歸于京師，殺之于將陵。

五月辛卯，給復滄、景、德、棣四州一年。

六月甲戌，魏博軍亂，殺其節度使史憲誠，都知兵馬使何進滔自稱留後。

八月辛亥，以相、衞、澶三州隸相衞節度使，進滔不受命。辛酉，以旱免京畿九縣今歲租。

壬申，赦王廷湊。甲戌，吏部侍郎李宗閔同中書門下平章事。

十月癸丑，仗內火。

十一月壬辰，朝獻于太淸宮。癸巳，朝享于太廟。甲午，有事于南郊。大赦。詔毋獻難成非常之物，焚絲布撩綾機杼。是月，雲南蠻陷巂、邛二州。

十二月丁未，鄂岳、襄鄧、忠武軍伐雲南蠻。庚戌，雲南蠻寇成都，右領軍衞大將軍董重質爲左右神策及諸道行營西川都知兵馬使以伐之。己未，雲南蠻寇梓州。壬戌，寇蜀州。

四年正月戊子，封子永爲魯王。辛卯，武昌軍節度使牛僧孺爲兵部尙書、同中書門下平章事。甲午，王播薨。

二月乙卯，興元軍亂，殺其節度使李絳。

三月癸卯，禁京畿弋獵。

四月丁未，奚寇邊，李載義敗之。

六月丁未，裴度平章軍國重事。

是夏，舒州江溢。

七月癸未，尙書右丞宋申錫同中書門下平章事。

九月壬午，裴度罷。

五年正月庚申，幽州盧龍軍亂，逐其節度使李載義，殺莫州刺史張慶初，兵馬使楊志誠自稱留後。

三月庚子，貶宋申錫爲太子右庶子。癸卯，降封漳王湊爲巢縣公。

六月甲午，梓州玄武江溢。

六年正月壬子，降死罪以下。

二月，蘇州地震，生白毛。

五月庚申，給民疫死者棺，十歲以下不能自存者二月糧。

七月戊申，原王逵薨。

十一月甲子，立魯王永爲皇太子。

十二月乙丑，牛僧孺罷。己巳，珍王誠薨。

七年正月壬辰，罷吳、蜀冬貢茶。

二月丙戌，兵部尚書李德裕同中書門下平章事。

三月辛卯，幽州盧龍軍節度使楊志誠執春衣使邊奉鸞、送奚契丹使尹士恭。辛丑，和王綺薨。

六月甲戌，地震。乙亥，李宗閔罷。

七月壬寅，尚書右僕射、諸道鹽鐵轉運使王涯同中書門下平章事。

閏月乙卯，以旱避正殿，減膳，徹樂，出宮女千人，縱五坊鷹犬。

八月庚寅，降死罪以下。賜文武及州府長官子爲父後者勳兩轉。

十二月庚子，不豫。

八年二月壬午朔，日有食之。庚寅，以疾愈，降死罪以下。

四月丙戌，詔笞罪毋鞭背。

五月己巳，飛龍、神駒中廄火。

六月丙戌，莒王紓薨。

七月辛酉，震定陵寢宮。癸亥，郯王經薨〔三〕。

九月辛亥，有彗星出于太微。

十月辛巳，幽州盧龍軍大將史元忠逐其節度使楊志誠，自稱權句當節度兵馬。庚寅，山南西道節度使李宗閔爲中書侍郎、同中書門下平章事。甲午，李德裕罷。

十一月癸丑，成德軍節度使王廷湊卒，其子元逵自稱權句當節度事。丙子，莫州軍亂，逐其刺史張惟汎。

十二月己卯，降京畿死罪以下。

九年正月癸亥，巢縣公湊薨。

二月辛亥，冀王絿薨。乙卯，京師地震。

四月丙申，路隋罷。戊戌，浙江東道觀察使賈餗爲中書侍郎、同中書門下平章事。辛丑，大風拔木，落含元殿鴟尾，壞門觀。

五月辛未，王涯爲司空。

六月壬寅，貶李宗閔爲明州刺史。

七月辛亥，御史大夫李固言爲門下侍郎、同中書門下平章事。

九月癸亥，殺陳弘志。丁卯，李固言罷。己巳，御史中丞舒元輿爲刑部侍郎，翰林學士、兵部郎中李訓爲禮部侍郎：同中書門下平章事。

十月辛巳，殺觀軍容使王守澄。

十一月乙巳，殺武寧軍監軍使王守涓。壬戌，李訓及河東節度使王璠、邠寧節度使郭行餘、御史中丞李孝本、京兆少尹羅立言謀誅中官，不克，訓奔于鳳翔。甲子，尚書右僕射鄭覃同中書門下平章事。乙丑，權知戶部侍郎李石同中書門下平章事。左神策軍中尉仇士良殺王涯、賈餗、舒元輿、李孝本、羅立言、王璠、郭行餘、鳳翔少尹魏逢。戊辰，晝晦。鳳翔監軍使張仲淸殺其節度使鄭注。己巳，仇士良殺右金吾衞大將軍韓約。

十二月壬申，殺左金吾衞將軍李貞素、翰林學士顧師邕。丁亥，降京師死罪以下。

開成元年正月辛丑朔，日有食之。大赦，改元。免大和五年以前逋負、京畿今歲稅，賜文武官階、爵。

二月乙亥，停獻鷙鳥、畋犬。

三月，京師地震。

四月辛卯，淄王協薨。甲午，山南西道節度使李固言爲門下侍郎、同中書門下平章事。

七月，滹沱溢。乙亥，雨土。

十二月己未，潁王縱薨。

二年二月丙午，有彗星出于東方。己未，均王緯薨。

三月丙寅，以彗見減膳。壬申，素服避正殿，徹樂。降死罪，流以下原之。縱五坊鷹隼，禁京畿採捕。

四月戊戌，工部侍郎陳夷行同中書門下平章事。乙卯，以旱避正殿。

六月丙午，河陽軍亂，逐其節度使李泳。己未，綿州獠反。

七月癸亥，党項羌寇振武。

八月庚戌，封兄子休復爲梁王，執中襄王，言揚杞王，成美陳王。癸丑，封子宗儉爲蔣王。

十月戊申，李固言罷。

十一月乙丑，京師地震。丁丑，有星隕于興元。

三年正月甲子，盜傷李石。戊申，大風拔木。諸道鹽鐵轉運使、戶部尚書楊嗣復，戶部侍郎李珏：同中書門下平章事。丙子，李石罷。

夏，漢水溢。

八月己亥，嘉王運薨。

十月乙酉，義武軍節度使張璠卒，其子元益自稱留後。庚子，皇太子薨。乙巳，有彗星出于軫。

十一月壬戌，降死罪以下。

四年正月癸酉，有彗星出于羽林。閏月丙午，出于卷舌。

五月丙申，鄭覃、陳夷行罷。

七月甲辰，太常卿崔鄲同中書門下平章事。

八月辛亥，鄜王憬薨。

十月丙寅，立陳王成美爲皇太子。甲戌，地震。

十一月己亥，降京畿死罪以下。

十二月乙卯，乾陵寢宮火。

五年正月戊寅，不豫。己卯，左右神策軍護軍中尉魚弘志、仇士良立潁王瀍爲皇太弟，權句當軍國事，廢皇太子成美爲陳王。庚辰，仇士良殺仙韶院副使尉遲璋。辛巳，皇帝崩于太和殿，年三十三。

武宗至道昭肅孝皇帝諱炎，穆宗第五子也。母曰宣懿皇太后韋氏。始封潁王，累加開府儀同三司、檢校吏部尚書。

開成五年正月，文宗疾大漸，神策軍護軍中尉仇士良、魚弘志矯詔廢皇太子成美復爲陳王，立潁王爲皇太弟。辛巳，卽皇帝位于柩前。辛卯，殺陳王成美及安王溶、賢妃楊氏。甲午，始聽政。追尊母爲皇太后。

二月乙卯，大赦。庚申，有彗星出于室、壁。

四月甲子，大風拔木。

五月己卯，楊嗣復罷。諸道鹽鐵轉運使、刑部尚書崔珙同中書門下平章事。壬寅，大風拔木。

六月丙寅，以旱避正殿，理囚，河北、河南、淮南、浙東、福建蝗疫州除其徭。

七月戊寅，大風拔木。

八月甲寅，雨。壬戌，葬元聖昭獻孝皇帝于章陵。內樞密使劉弘逸、薛季稜以兵殺仇士良，不克，伏誅。庚午，李珏罷。

九月丁丑，淮南節度副大使李德裕爲門下侍郎、同中書門下平章事。

十月癸卯，回鶻寇天德軍。

十一月戊寅，有彗星出于東方。魏博節度使何進滔卒，其子重霸自稱留後。

十二月，封子峻爲杞王。

會昌元年正月己卯，朝獻于太清宮。庚辰，朝享于太廟。辛巳，有事于南郊。大赦，改元。

三月，御史大夫陳夷行爲門下侍郎、同中書門下平章事。

七月，有彗星出于羽林。壬辰，漢水溢。

九月癸巳，幽州盧龍軍將陳行泰殺其節度使史元忠，自稱知留務。

閏月，幽州盧龍軍將張絳殺行泰，自稱主軍務。

十月，幽州盧龍軍逐絳，雄武軍使張仲武入于幽州。

十一月壬寅，有彗星出于營室。辛亥，避正殿，減膳，理囚，罷興作。癸亥，崔鄲罷。

二年正月，宋、亳二州地震。己亥，李德裕爲司空。回鶻寇橫水柵，略天德、振武軍。

二月丁丑，淮南節度副大使李紳爲中書侍郎、同中書門下平章事。

三月，回鶻寇雲、朔。

四月丁亥，羣臣上尊號曰仁聖文武至神大孝皇帝。大赦，賜文武官階、勳、爵。

五月丙申，回鶻嗢沒斯降。

六月，陳夷行罷。河東節度使劉沔及回鶻戰于雲州，敗績。

七月，幸左神策軍閱武。尙書右丞兼御史中丞李讓夷爲中書侍郎、同中書門下平章事。

嵐州民田滿川反，伏誅。回鶻可汗寇大同川。

九月，劉沔爲回鶻南面招撫使，幽州盧龍軍節度使張仲武爲東面招撫使，右金吾衞大將軍李思忠爲河西党項都將西南面招討使。

十月丁卯，封子峴爲益王，岐兗王。

十一月，獵于白鹿原。

十二月，封子嶧爲德王，嵯昌王。癸未，京師地震。

三年正月庚子，天德軍行營副使石雄及回鶻戰于殺胡山，敗之。

二月庚申朔，日有食之。辛未，崔珙罷。

是春，大雨雪。

四月乙丑，昭義軍節度使劉從諫卒，其子稹自稱留後。

五月甲午，震，東都廣運樓災。辛丑，成德軍節度使王元逵爲北面招討澤潞使，魏博節度使何弘敬爲東面招討澤潞使，及河中節度使陳夷行、河陽節度使王茂元、劉沔以討劉稹。戊申，翰林學士承旨、中書舍人崔鉉爲中書侍郎、同中書門下平章事。武寧軍節度使李彥佐爲晉絳行營諸軍節度招討使。

六月，西內神龍寺火。辛酉，李德裕爲司徒。

是夏，作望仙觀于禁中。

七月庚子，免河東今歲秋稅。

九月辛卯，忠武軍節度使王宰兼河陽行營攻討使。丁未，以雨霖，理囚，免京兆府秋稅。

十月己巳，晉絳行營節度使石雄及劉稹戰于烏嶺，敗之。壬午，日中月食太白。是月，党項羌寇鹽州。

十一月，寇邠、寧。兗王岐爲靈夏六道元帥、安撫党項大使，御史中丞李回副之。安南軍亂，逐其經略使武渾。

十二月丁巳，王宰克天井關。

四年正月乙酉，河東將楊弁逐其節度使李石。

二月甲寅朔，日有食之。辛酉，楊弁伏誅。

三月，石雄兼冀氏行營攻討使，晉州刺史李丕副之。

六月己未，中書、門下、御史臺慮囚。

閏七月壬戌，李紳罷。淮南節度副大使杜悰爲尚書右僕射，兼中書侍郎、同中書門下平章事。丙子，昭義軍將裴問及邢州刺史崔嘏以城降。是月，洺州刺史王釗、磁州刺史安玉以城降。

八月乙未，昭義軍將郭誼殺劉稹以降。戊戌，給復澤、潞、邢、洺、磁五州一歲，免太原、河陽及懷、陝、晉、絳四州秋稅。戊申，李德裕爲太尉。

十月，獵于鄠縣。

十二月，獵于雲陽。

五年正月己酉，羣臣上尊號曰仁聖文武章天成功神德明道大孝皇帝。是日，朝獻于太清宮。庚戌，朝享于太廟。辛亥，有事于南郊。大赦，賜文武官階、勳、爵，文宣公、二王、三恪予一子出身。作仙臺于南郊。庚申，皇太后崩。

三月，旱。

五月壬子，葬恭僖皇太后于光陵。壬戌，杜悰、崔鉉罷。乙丑，戶部侍郎李回爲中書侍郎、同中書門下平章事。

六月甲申，作望仙樓于神策軍。

七月丙午朔，日有食之。是月，山南東道節度使鄭肅檢校尙書右僕射、同中書門下平章事。

八月壬午，大毁佛寺，復僧尼爲民。

十月，作昭武廟于虎牢關。

六年二月癸酉，以旱降死罪以下，免今歲夏稅。庚辰，夏綏銀節度使米暨爲東北道招討党項使。

三月壬戌，不豫。左神策軍護軍中尉馬元贄立光王怡爲皇太叔，權句當軍國政事。甲子，皇帝崩于大明宮，年三十三。

宣宗元聖至明成武獻文睿智章仁神聰懿道大孝皇帝諱忱，憲宗第十三子也。母曰孝明皇太后鄭氏。始封光王。性嚴重寡言，宮中或以爲不惠。

會昌六年，武宗疾大漸，左神策軍護軍中尉馬元贄立光王爲皇太叔。

三月甲子，卽皇帝位于柩前。

四月乙亥，始聽政。尊母爲皇太后。丙子，李德裕罷。辛卯，李讓夷爲司空。

五月乙巳，大赦。翰林學士承旨、兵部侍郎白敏中同中書門下平章事。辛酉，封子溫爲鄆王，渼雍王，涇雅王，滋夔王，沂慶王。

七月，李讓夷罷。

八月辛未，大行宮火。壬申，葬至道昭肅孝皇帝于端陵。

九月，鄭肅罷。兵部侍郎、判度支盧商爲中書侍郎、同中書門下平章事。雲南蠻寇安南，經略使裴元裕敗之。

十二月戊辰朔，日有食之。

大中元年正月壬子，朝獻于太淸宮。癸丑，朝享于太廟。甲寅，有事于南郊。大赦，改元。復左降官死者官爵，賜文武官階、勳，父老帛，文宣王後及二王後、三恪予一子官。

二月癸未，以旱避正殿，減膳，理京師囚，罷太常教坊習樂，損百官食，出宮女五百人，放五坊鷹犬，停飛龍馬粟。

三月，盧商罷。刑部尙書、判度支崔元式爲門下侍郎，翰林學士承旨、戶部侍郎韋琮爲中書侍郎：同中書門下平章事。

閏月，大復佛寺。

四月己酉，皇太后崩。

五月，張仲武及奚北部落戰，敗之。吐蕃、回鶻寇河西，河東節度使王宰伐之。

八月丙申，李回罷。庚子，葬貞獻皇太后于光陵。

十二月戊午，貶太子少保李德裕爲潮州司馬。

二年正月甲子，羣臣上尊號曰聖敬文思和武光孝皇帝。大赦。宗子房未仕者予一人出身，賜文武官階、勳、爵。

三月，封子澤爲濮王。

五月己未朔，日有食之。崔元式罷。兵部侍郎、判度支周墀，刑部侍郎、諸道鹽鐵轉運使馬植：同中書門下平章事。己卯，太皇太后崩。

七月己巳，續圖功臣于凌煙閣。

十一月壬午，葬懿安太皇太后于景陵。貶韋琮爲太子賓客，分司東都。

三年二月，吐蕃以秦原安樂三州、石門驛藏木峽制勝六盤石峽蕭七關歸于有司。

三月，詔待制官與刑法官、諫官次對。馬植罷。

是春，隕霜殺桑。

四月乙酉，周墀罷。御史大夫崔鉉爲中書侍郎，兵部侍郎、判戶部事魏扶：同中書門下平章事。癸巳，幽州盧龍軍節度使張仲武卒，其子直方自稱留後。

五月，武寧軍亂，逐其節度使李廓。

十月辛巳，京師地震。是月，振武及天德、靈武、鹽夏二州地震。吐蕃以維州歸于有司。

十一月己卯，封弟愓爲彭王。

十二月，吐蕃以扶州歸于有司。

四年正月庚辰，大赦。

四月壬申，以雨霖，詔京師、關輔理囚，蠲度支、鹽鐵、戶部逋負。

六月戊申，魏扶薨。戶部尚書、判度支崔龜從同中書門下平章事。

八月，幽州盧龍軍亂，逐其節度使張直方，衙將張允伸自稱留後。

十月辛未，翰林學士承旨、兵部侍郎令狐綯同中書門下平章事。

十一月，党項羌寇邠、寧。

十二月，鳳翔節度使李安業、河東節度使李拭爲招討党項使。

五年三月，白敏中爲司空，招討南山、平夏党項行營兵馬都統。

四月，赦平夏党項羌。辛未，給復靈鹽夏三州、邠寧鄜坊等道三歲。

六月，封子潤爲鄂王。

八月乙巳，赦南山党項羌。

十月，沙州人張義潮以瓜、沙、伊、肅、鄯、甘、河、西、蘭、岷、廓十一州歸于有司。白敏中罷。戊辰，戶部侍郎、判戶部魏謩同中書門下平章事。

十一月，崔龜從罷。

十二月，盜斫景陵門戟。

是歲，湖南饑。

六年三月，有彗星出于觜、參。

七月，雍王渼薨。

八月，禮部尙書、諸道鹽鐵轉運使裴休同中書門下平章事。

九月，獠寇昌、資二州。
十一月，封弟惴爲棣王。
是歲，淮南饑。
七年正月丙午，朝獻于太清宮。丁未，朝享于太廟。戊申，有事于南郊，大赦。
八年正月丙戌朔，日有食之。
三月，以旱理囚。
九月，封子洽爲懷王，汭昭王，汶康王。
九年正月甲申，成德軍節度使王元逵卒，其子紹鼎自稱留後。
閏四月辛丑，禁嶺外民鬻男女者。
七月，以旱遣使巡撫淮南，減上供饋運，蠲逋租，發粟賑民。丙辰，崔鉉罷。庚申，罷淮南宣歙浙西冬至、元日常貢，以代下戶租稅。是月，浙江東道軍亂，逐其觀察使李訥。

十年正月丁巳，御史大夫鄭朗爲工部尙書、同中書門下平章事。

九月，封子灌爲衞王。

十月戊子，裴休罷。

十二月壬辰，戶部侍郎、判戶部崔愼由爲工部尙書、同中書門下平章事。

十一年二月辛巳，魏謩罷。

五月，容管軍亂，逐其經略使王球。

七月庚子，兵部侍郎、判度支蕭鄴同中書門下平章事。成德軍節度副大使王紹鼎卒，其弟紹懿自稱留後。

八月，封子滋爲廣王。

九月乙未，有彗星出于房。

十月壬申，鄭朗罷。

十二年正月戊戌，戶部侍郎、判度支劉瑑同中書門下平章事。

二月，廢穆宗忌日，停光陵朝拜及守陵宮人。壬申，崔愼由罷。

閏月，自十月不雨，至于是月雨。

三月，鹽州監軍使楊玄价殺其刺史劉皐。

四月庚子，嶺南軍亂，逐其節度使楊發。戊申，兵部侍郎、諸道鹽鐵轉運使夏侯孜同中書門下平章事。

五月丙寅，劉瑑薨。庚辰，湖南軍亂，逐其觀察使韓琮。

六月丙申，江西都將毛鶴逐其觀察使鄭憲。辛亥，南蠻寇邊。

七月，容州將來正反，伏誅。

八月，宣歙將康全泰逐其觀察使鄭薰，淮南節度使崔鉉兼宣歙池觀察處置使以討之。

丁巳，太原地震。

十月，康全泰伏誅。

十二月，毛鶴伏誅。甲寅，兵部侍郎、判戶部蔣伸同中書門下平章事。

十三年正月戊午，大赦，蠲度支、戶部逋負，放宮人。

八月壬辰，左神策軍護軍中尉王宗實立鄆王温爲皇太子，權句當軍國政事。癸巳，皇帝崩于咸寧殿，年五十。謚曰聖武獻文孝皇帝。咸通十三年，加謚元聖至明成武獻文睿智章仁神聰懿道大孝皇帝。

贊曰：春秋之法，君弒而賊不討，則深責其國，以爲無臣子也。憲宗之弒，歷三世而賊猶在。至於文宗，不能明弘志等罪惡，以正國之典刑，僅能殺之而已，是可歎也。穆、敬昏童失德，以其在位不久，故天下未至於敗亂，而敬宗卒及其身，是豈有討賊之志哉！文宗恭儉儒雅，出於天性，嘗讀太宗政要，慨然慕之。及卽位，銳意於治，每延英對宰臣，率漏下十一刻。唐制，天子以隻日視朝，乃命輟朝、放朝皆用雙日。凡除吏必召見訪問，親察其能否。故大和之初，政事脩飭，號爲淸明。然其仁而少斷，承父兄之弊，宦官橈權，制之不得其術，故其終困以此。甘露之事，禍及忠良，不勝冤憤，飮恨而已。由是言之，其能殺弘志，亦足伸其志也。

昔武丁得一傅說，爲商高宗。武宗用一李德裕，遂成其功烈。然其奮然除去浮圖之法甚銳，而躬受道家之籙，服藥以求長年。以此見其非明智之不惑者，特好惡有不同爾。宣宗精於聽斷，而以察爲明，無復仁恩之意。嗚呼，自是而後，唐衰矣！

校勘記

〔一〕赦幽涿檀順瀛莫營平八州死罪以下 「營」，各本原作「管」。案本書卷三九及舊書卷三九地理志、通典卷一七八，此列諸州並隸河北道，惟無「管州」而有營州，「管」當爲「營」之形誤，據改。

〔二〕郯王經薨 「郯」，各本原作「鄆」，據本書卷七順宗紀、卷七〇下宗室世系表、卷八二十一宗諸子傳及通鑑卷二四五改。

唐書卷九

本紀第九

懿宗　僖宗

懿宗昭聖恭惠孝皇帝諱漼，宣宗長子也。母曰元昭皇太后鼂氏。始封鄆王。宣宗愛夔王滋，欲立爲皇太子，而鄆王長，故久不決。

大中十三年八月，宣宗疾大漸，以夔王屬內樞密使王歸長馬公儒、宣徽南院使王居方等。而左神策護軍中尉王宗實、副使丌元實矯詔立鄆王爲皇太子。癸巳，卽皇帝位于柩前。王宗實殺王歸長、馬公儒、王居方。庚子，始聽政。癸卯，令狐綯爲司空。尊皇太后曰太皇太后。

九月庚申，追尊母爲皇太后。

十月辛卯，大赦。賜文武官階、勳、爵，耆老粟帛。

十一月戊午，蕭鄴罷。

十二月甲申，翰林學士承旨、兵部侍郎杜審權同中書門下平章事。丁酉，令狐綯罷。荆南節度使白敏中爲司徒，兼門下侍郎、同中書門下平章事。

是歲，雲南蠻陷播州。

咸通元年正月，浙東人仇甫反〔一〕，安南經略使王式爲浙江東道觀察使以討之。

二月丙申，葬聖武獻文孝皇帝于貞陵。

五月，京師地震。袁王紳薨。

七月，封叔㣚爲信王。

八月，衞王灌薨。己卯，仇甫伏誅。

九月戊申，白敏中爲中書令。

十月，安南都護李鄠克播州。己亥，夏侯孜罷。戶部尙書、判度支畢諴爲禮部尙書、同中書門下平章事。

閏月乙亥，朝獻于太淸宮。

十一月丙子，朝享于太廟。丁丑，有事于南郊，大赦，改元。是月，慶王沂薨。

十二月戊申，雲南蠻寇安南。癸亥，福王綰爲司空。

二年二月，白敏中罷。尙書左僕射、判度支杜悰兼門下侍郎、同中書門下平章事。福王綰薨。

六月，鹽州刺史王寬爲安南經略招討使。

八月，雲南蠻寇邕州。九月，寇巂州。

三年正月庚午，羣臣上尊號曰睿文明聖孝德皇帝。大赦。是月，蔣伸罷。

二月庚子，杜悰爲司空。是月，棣王惴薨。湖南觀察使蔡襲爲安南經略招討使。

三月戊寅，歸義軍節度使張義潮克涼州。

七月，武寧軍亂，逐其節度使温璋。劍南西川節度使夏侯孜爲尙書左僕射，兼門下侍郎、同中書門下平章事。

九月，嶺南西道軍亂，逐其節度使蔡京。

十月丙申，封子佾爲魏王，侹涼王，佶蜀王。杜悰爲司徒。

十一月，封叔祖緝爲蘄王，叔憒榮王。雲南蠻寇安南。丙寅，降囚罪，免徐州秋稅。

十二月，翼王絳薨。

四年正月戊辰，朝獻于太清宮。己巳，朝享于太廟。庚午，有事于南郊，大赦。雲南蠻陷安南，蔡襲死之。庚辰，撫王紘爲司空。

二月，拜十六陵。秦州經略使高駢爲安南經略招討使。

四月，畢諴罷。

五月己巳，翰林學士承旨、兵部侍郎楊收同中書門下平章事。戊子，杜審權罷。

閏六月，杜悰罷。兵部侍郎、判度支曹確同中書門下平章事。

七月辛卯朔，日有食之。免安南戶稅、丁錢二歲，弛廉州珠池禁。

八月，夔王滋薨。

十二月乙酉，昭義軍亂，殺其節度使沈詢。

五年正月丙午，雲南蠻寇巂州。三月，寇邕州。

四月，兵部侍郎、判戶部蕭寘同中書門下平章事。

五月丁酉，瘞邕、巂州死事者。己亥，有彗星出于婁。

八月丁卯，夏侯孜爲司空。

十月，貞陵隧陷。

十一月戊戌，夏侯孜罷。壬寅，翰林學士承旨、兵部侍郎路巖同中書門下平章事。

六年三月，蕭寘薨。

四月，劍南東川節度使高璩爲兵部侍郎、同中書門下平章事。

五月，高駢及雲南蠻戰于邕州，敗之。

六月，高璩薨。御史大夫徐商爲兵部侍郎、同中書門下平章事。

七月，封子侃爲郢王。

十二月，晉、絳二州地震。壬子，太皇太后崩。

七年二月戊申，免河南府、同華陝虢四州一歲稅，湖南及桂邕容三管、岳州夏秋稅之半。

三月，成德軍節度使王紹懿卒，其兄子景崇自稱留後。

閏月，吐蕃寇邠、寧。

五月甲辰，葬孝明太皇太后于景陵之園。

六月，魏博節度使何弘敬卒，其子全皞自稱留後。
八月辛卯，晝晦。
十月壬申，楊收罷。是月，高駢克安南。
十一月辛亥，大赦，免咸通三年以前逋負，賜文武官階、勳、爵。
八年正月丁未，河中府、晉絳二州地震。
五月丙辰，以不豫降囚罪，出宮人五百，縱神策、五坊、飛龍鷹鷂，禁延慶、端午節獻女口。
七月，雨湯于下邳。壬寅，蘄王緝薨。乙巳，懷州民亂，逐其刺史劉仁規。甲子，兵部侍郎、諸道鹽鐵轉運使于琮同中書門下平章事。
十一月辛丑，疾愈，避正殿，賜民年七十而痼疾及軍士戰傷者帛。
十二月，信王憪薨。
九年正月，有彗星出于婁、胃。
七月，武寧軍節度糧料判官龐勛反于桂州。十月庚午，陷宿州。丁丑，陷徐州，觀察使崔彥曾死之。十一月，陷濠州，刺史盧望回死之。右金吾衞大將軍康承訓爲徐泗行營兵馬都招討使，神武大將軍王晏權爲北面招討使，羽林將軍戴可師爲南面招討使。

十二月，龐勛陷和、滁二州，滁州刺史高錫望死之。壬申，戴可師及龐勛戰于都梁山，死之。是月，前天雄軍節度使馬舉爲南面招討使，泰寧軍節度使曹翔爲北面招討使。

十年二月，殺驩州流人楊收。

三月，徙封侃爲威王。

四月，殺鎮南軍節度使嚴譔。康承訓及龐勛戰于柳子，敗之。

六月，神策軍將軍宋威爲西北面招討使。戊戌，以蝗旱理囚。癸卯，徐商罷。翰林學士承旨、戶部侍郎劉瞻同中書門下平章事。

八月，有彗星出于大陵。

九月癸酉，龐勛伏誅。

十月戊戌，免徐、宿、濠、泗四州三歲稅役。

十二月壬子，雲南蠻寇嘉州。

十一年正月甲寅，羣臣上尊號曰睿文英武明德至仁大聖廣孝皇帝。大赦。雲南蠻寇黎、雅二州，及成都。

二月甲申，劍南西川節度副使王建立及雲南蠻戰于城北，死之。甲午，劍南東川節度使顏慶復及雲南蠻戰于新都，敗之。

三月，曹確罷。

四月丙午，翰林學士承旨、兵部侍郎韋保衡同中書門下平章事。

八月，殺醫待詔韓宗紹。魏博軍亂，殺其節度使何全皡，其將韓君雄自稱留後。

九月丙辰，劉瞻罷。

十一月辛亥，禮部尙書、判度支王鐸同中書門下平章事。

十二年四月癸卯，路巖罷。

五月庚申，理囚。

十月，兵部侍郎、諸道鹽鐵轉運使劉鄴爲禮部尙書、同中書門下平章事。

十三年二月丁巳，于琮罷。刑部侍郎、判戶部趙隱爲戶部侍郎、同中書門下平章事。

幽州盧龍軍節度使張允伸卒，其子簡會自稱留後。

三月癸酉，平州刺史張公素逐簡會，自稱留後。

四月庚子，浙江東西道地震。封子保爲吉王，傑壽王，倚睦王。

五月乙亥，殺國子司業韋殷裕。

十一月，王鐸爲司徒，韋保衡爲司空。

十四年正月，沙陀寇代北。

三月，迎佛骨于鳳翔。癸巳，雨土。

四月，并州民產子二頭四手。壬寅，大赦。

六月，不豫。王鐸罷。

七月辛巳，皇帝崩于咸寧殿，年四十一。

僖宗惠聖恭定孝皇帝諱儇，懿宗第五子也。母曰惠安皇太后王氏。始封普王，名儼。

咸通十四年七月，懿宗疾大漸，左右神策護軍中尉劉行深、韓文約立普王爲皇太子。

辛巳，卽皇帝位于柩前。

八月癸巳，始聽政。丁未，追尊母爲皇太后。乙卯，韋保衡爲司徒。

九月，貶保衡爲賀州刺史。

十月乙未，尙書左僕射蕭倣爲中書侍郎、同中書門下平章事。

十二月，震電。癸卯，大赦，免水旱州縣租賦，罷貢鷹鶻。雲南蠻寇黎州。

乾符元年二月甲午，葬昭聖恭惠孝皇帝于簡陵。癸丑，降死罪以下。趙隱罷。華州刺史裴坦爲中書侍郎、同中書門下平章事。

四月辛卯，以旱理囚。

五月乙未，裴坦薨。刑部尙書劉瞻爲中書侍郎、同中書門下平章事。

八月辛未，瞻薨。兵部侍郎、判度支崔彥昭爲中書侍郎、同中書門下平章事。

十月，劉鄴罷。吏部侍郎鄭畋爲兵部侍郎，翰林學士承旨、戶部侍郎盧攜：同中書門下平章事。

十一月庚寅，改元。羣臣上尊號曰聖神聰睿仁哲明孝皇帝。是月，蕭倣爲司空。魏博節度使韓允中卒，其子簡自稱留後。

十二月，党項、回鶻寇天德軍。雲南蠻寇黎、雅二州，河西、河東、山南東道、東川兵伐雲南。

二年正月己丑，朝獻于太淸宮。庚寅，朝享于太廟。辛卯，有事于南郊，大赦。賜文武官階、勳、爵，文宣王及二王後、三恪一子官。雲南蠻請和。

四月庚辰，太白晝見。浙西突陣將王郢反。

五月，右龍武軍大將軍宋皓討之。蕭倣薨。

六月，濮州賊王仙芝、尙君長陷曹、濮二州，河南諸鎭兵討之。吏部尙書李蔚爲中書侍郎、同中書門下平章事。幽州將李茂勳逐其節度使張公素，自稱留後。

七月，以蝗避正殿，減膳。

十一月，震電。

三年二月丙子，以旱降死罪以下。

三月，葬暴骸。平盧軍節度使宋威爲指揮諸道招討草賊使，檢校左散騎常侍曾元裕副之。募能捕賊三百人者，官以將軍。幽州盧龍軍節度使李茂勳立其子可舉爲留後。

五月庚子，以旱理囚，免浙東西一歲稅。昭王汭薨。

六月乙丑，雄州地震。撫王紘爲太尉。

七月辛巳，雄州地震。鎭海軍節度使裴璩及王郢戰，敗之。鄂王潤薨。

九月乙亥朔，日有食之，避正殿。丙子，王仙芝陷汝州，執刺史王鐐。

十一月，陷郢、復二州。

十二月，京師地震。王仙芝陷申、光、廬、壽、通、舒六州。忠武軍節度使崔安潛爲諸道行營都統，宮苑使李琢爲諸軍行營招討草賊使，右威衞上將軍張自勉副之。

是冬，無雪。

四年正月丁丑，降死罪以下二等，流人死者聽收葬。崔彥昭爲司空。

二月，王仙芝陷鄂州。

閏月，崔彥昭罷。昭義軍亂，逐其節度使高湜。宣武軍節度使王鐸檢校司徒，兼門下侍郎、同中書門下平章事。

三月，宛句賊黃巢陷鄆、沂二州，天平軍節度使薛崇死之。

四月壬申朔，日有食之。是月，陝州軍亂，逐其觀察使崔碣。江西賊柳彥璋陷江州，執其刺史陶祥。高安制置使鍾傳陷撫州。
五月，有彗星，避正殿，減膳。
六月，王鐸爲司徒。庚寅，雄州地震。
八月，黃巢陷隋州，執刺史崔休徵。
九月，沙陀寇雲、朔二州。鹽州軍亂，逐其刺史王承顏。
十月，河中軍亂，逐其節度使劉侔。
十一月，尙君長降，宋威殺之。
十二月，安南戍兵亂，逐桂管觀察使李瓚。江州刺史劉秉仁及柳彥璋戰，敗之。

五年正月丁酉，王仙芝陷江陵外郛。壬寅，曾元裕及王仙芝戰于申州，敗之。元裕爲諸道行營招討草賊使，張自勉副之。宋威罷招討使。
二月癸酉，雲中守捉使李克用殺大同軍防禦使段文楚。己卯，克用寇遮虜軍。是月，王仙芝伏誅，其將王重隱陷饒州，刺史顏標死之。江西賊徐唐莒陷洪州。
三月，黃巢陷濮州，寇河南。崔安潛罷都統。張自勉爲東西面行營招討使。湖南軍亂，逐其觀察使崔瑾。

四月，饒州將彭令璋克饒州，自稱刺史，徐唐莒伏誅。

五月丁酉，鄭畋、盧攜罷。翰林學士承旨、戶部侍郎豆盧瑑爲兵部侍郎，吏部侍郎崔沆爲戶部侍郎：同中書門下平章事。是日，雨雹，大風拔木。

八月，大同軍節度使李國昌陷岢嵐軍。黃巢陷杭州。

九月，李蔚罷。吏部尙書鄭從讜爲中書侍郎、同中書門下平章事。黃巢陷越州，執觀察使崔璆。鎭海軍將張潾克越州。

十月，昭義軍節度使李鈞、幽州盧龍軍節度使李可舉討李國昌。

十一月丁未，河東宣慰使崔季康爲河東節度、代北行營招討使。

十二月甲戌，黃巢陷福州。庚辰，崔季康、李鈞及李克用戰于洪谷，敗績。

是歲，天平軍節度使張裼卒，衙將崔君裕自知州事。

六年正月，鎭海軍節度使高駢爲諸道行營兵馬都統。魏王佾薨。

二月，京師地震，藍田山裂，出水。河東軍亂，殺其節度使崔季康。

四月庚申朔，日有食之。涼王侹薨。王鐸爲荊南節度使、南面行營招討都統。

五月，泰寧軍節度使李係爲湖南觀察使，副之。黃巢陷廣州，執嶺南東道節度使李迢，陷安南。

八月甲子，東都留守李蔚爲河東節度、代北行營招討使。

閏十月，黄巢陷潭、澧二州，澧州刺史李絢死之。

十一月丙辰，兩日並出而鬬。戊午，河東節度使康傳圭爲代北行營招討使。辛酉，黄巢陷江陵，殺李迢。丁丑，山南東道節度使劉巨容及黄巢戰于荆門，敗之。

十二月壬辰，克江陵。是月，貶王鐸爲太子賓客，分司東都。兵部尙書盧攜爲門下侍郎、同中書門下平章事。

是歲，淄州刺史曹全晸克鄆州，殺崔君裕。黄巢陷鄂、宣、歙、池四州。朗州賊周岳陷衡州，逐其刺史徐顥。荆南將雷滿陷朗州，刺史崔翥死之。石門蠻向瓌陷澧州，權知州事呂自牧死之。桂陽賊陳彥謙陷郴州，刺史董岳死之。

廣明元年正月乙卯，改元。免嶺南、荆湖、河中、河東稅賦十之四。戊寅，荆南監軍楊復光、泰寧軍將段彥謩殺其守將宋浩，以常滋爲節度留後。淮南將張潾及黄巢戰于大雲倉，敗之。

二月丙戌，李國昌寇忻、代二州。戊戌，河東軍亂，殺其節度使康傳圭。壬子，鄭從讜罷爲河東節度使、代北行營招討使。

三月辛未，以旱避正殿，減膳。

四月甲申，京師、東都、汝州雨雹，大風拔木。丁酉，太府卿李瑑爲蔚、朔招討都統。壬寅，張潾克饒州。

五月，汝州防禦使諸葛爽爲蔚、朔招討副使。泰寧軍將劉漢宏反。張潾及黃巢戰于信州，死之。

六月，巢陷睦、婺、宣三州。江華賊蔡結陷道州。宿州賊魯景仁陷連州。

七月，黃巢陷滁、和二州。辛酉，天平軍節度使曹全晸爲東面副都統。辛未，劉漢宏降。李可舉及李國昌戰于藥兒嶺，敗之。

八月辛卯，昭義軍亂，殺其節度使李鈞。癸卯，榮王憤爲司空。是月，憤薨。

九月，忠武軍將周岌殺其節度使薛能。牙將秦宗權自稱權知蔡州事。

十月，黃巢陷申州。

十一月，河中都虞候王重榮逐其節度使李都。黃巢陷汝州。壬戌，幸左神策軍閱武。護軍中尉田令孜爲諸道兵馬都指揮制置招討使，忠武軍監軍楊復光副之。丁卯，東都留守劉允章叛附于黃巢。壬申，巢陷虢州。田令孜爲汝、洛、晉、絳、同、華都統。

十二月壬午，黃巢陷潼關。甲申，貶盧攜爲太子賓客，分司東都。翰林學士承旨、尚書左丞王徽爲戶部侍郎，翰林學士、戶部侍郎裴澈爲工部侍郎：同中書門下平章事。行在咸陽。丙戌，左金吾衞大將軍張直方率武官叛附于黃巢。巢陷京師。辛卯，次鳳翔。丙申，河陽節度使諸葛爽叛附于黃巢。丁酉，次興元。庚子，廣德公主、豆盧瑑、崔沆、尚書左僕射劉鄴、右僕射于琮、太子少師裴諗、御史中丞趙濛、刑部侍郎李溥、京兆尹李湯死于黃巢。

是歲，雨血于靖陵。

中和元年正月壬子，如成都。壬申，兵部侍郎、判度支蕭遘爲工部侍郎、同中書門下平章事。丁丑，次成都。

二月己卯，赦劍南三川。太子少師王鐸爲司徒，兼門下侍郎、同中書門下平章事。淮南節度使高駢爲京城四面都統。邠寧節度使李存禮討黃巢。鳳翔節度使鄭畋及巢戰于龍尾坡，敗之。邠寧將王玫陷邠州。戊戌，淸平鎭使陳晟執睦州刺史韋諸，自稱刺史。

三月辛亥，黃巢陷鄧州，執刺史趙戎。辛酉，鄭畋爲京城西面行營都統。甲子，畋及涇原節度使程宗楚、天雄軍經略使仇公遇盟于鳳翔。是月，王徽罷。諸葛爽以河陽降。

四月戊寅，王玫伏誅。程宗楚、朔方軍節度使唐弘夫及黃巢戰于咸陽，敗之。壬午，巢遯于灞上。丁亥，復入于京師，弘夫、宗楚死之。是月，赦李國昌及其子克用以討黃巢。

五月丙辰，克用寇太原，振武軍節度使契苾璋敗之。辛酉，大風，雨土。是月，劉巨容爲南面行營招討使。楊復光克鄧州。

六月，鄧賊鍾季文陷明州。辛卯，邠寧節度副使朱玫及黃巢戰于興平，敗績。戊戌，鄭畋爲司空，兼門下侍郎、同中書門下平章事、京城四面行營都統。丙午，李克用陷忻、代二州。

七月丁巳，大赦，改元。庚申，翰林學士承旨、兵部侍郎韋昭度同中書門下平章事。丙寅，神策軍將郭琪反，伏誅。辛未，田令孜殺左拾遺孟昭圖。義武軍節度使王處存爲東南面行營招討使。

八月，感化軍將時溥逐其節度使支詳，自稱留後。昭義軍節度使高潯及黃巢戰于石橋，敗績，十將成麟殺潯，入于潞州。己丑，衆星隕于成都。

九月丙午，鄜延節度使李孝章、夏綏銀節度使拓拔思恭及黃巢戰于東渭橋，敗績。臨海賊杜雄陷台州。辛酉，封子震爲建王。己巳，昭義軍戍將孟方立殺成麟，自稱留後。永嘉賊朱褒陷温州。

是秋，河東霜殺禾。

十月，鳳翔行軍司馬李昌言逐其節度使鄭畋。

十一月，李昌言爲鳳翔節度行營招討使。鄭畋、裴澈罷。遂昌賊盧約陷處州。

十二月，安南戍將閔頊逐湖南觀察使李裕，自稱留後。

是歲，霍丘鎭使王緒陷壽、光二州。

二年正月辛亥，王鐸爲諸道行營都都統，承制封拜，太子少師崔安潛副之。高駢罷都統。辛未，王處存爲京城東面都統，李孝章爲北面都統，拓拔思恭爲南面都統。

二月甲戌，黃巢陷同州。己卯，太子少傅分司東都鄭畋爲司空，兼門下侍郎、同中書門下平章事。丙戌，李昌言爲京城西面都統，邠寧節度使朱玫爲河南都統、諸谷防遏使。

三月，邛州蠻阡能叛，西川部將楊行遷討之。李克用陷蔚州。

六月，朱玫爲京城西北面行營都統。楊行遷及阡能戰于乾溪，敗績。己亥，荆南監軍朱敬玫殺其節度使段彥謩，少尹李燧自稱留後。

七月，保大軍節度留後東方逵爲京城東面行營招討使。撫州刺史鍾傳陷洪州，江西觀察使高茂卿奔于江州。

八月丁巳，東方逵爲京城東北面行營都統，拓拔思恭爲京城四面都統。魏博節度使韓簡陷孟州。

九月丙戌，黃巢將朱温以同州降。己亥，温爲右金吾衞大將軍、河中行營招討副使。是月，太原桃李實。嶺南西道軍亂，逐其節度使張從訓。平盧軍將王敬武逐其節度使安師儒，自稱留後。

十月，嵐州刺史湯羣以沙陀反。韓簡寇鄆州，天平軍節度使曹全晸死之，部將崔用自稱留後。諸葛爽陷孟州。

十一月，荆南軍亂，衙將陳儒自稱留後。丙子，湯羣伏誅。是歲，關中大饑。南城賊危全諷陷撫州，危仔倡陷信州。廬州將楊行密逐其刺史郎幼復。和州刺史秦彥逐宣歙觀察使竇潏。

三年正月，鴈門節度使李克用爲京城東北面行營都統。乙亥，王鐸罷。

二月，魏博軍亂，殺其節度使韓簡，其將樂彥禎自稱留後。己未，建王震爲太保。

三月，天有聲于浙西。壬申，李克用及黃巢戰于零口，敗之。

四月甲辰，又敗之于渭橋。丙午，復京師。

五月，鄭畋爲司徒，東都留守、檢校司空鄭從讜爲司空：同中書門下平章事。淮南將張瓌陷復州。奉國軍節度使秦宗權叛附于黃巢。

七月，宣武軍節度副大使朱全忠爲東北面都招討使。鄭畋罷。兵部尙書、判度支裴澈同中書門下平章事。
八月，黃巢、秦宗權寇陳州。淮南將韓師德陷岳州。
九月，武寧軍節度使時溥爲東面兵馬都統。
是秋，晉州地震。
十月，全椒賊許勍陷滁州。李克用陷潞州，刺史李殷銳死之。
十一月壬申，劍南西川行軍司馬高仁厚及阡能戰于邛州，敗之。
十二月，忠武軍將鹿晏弘逐興元節度使牛勗，自稱留後。
是歲，天平軍將曹存實克鄆州。石鏡鎭將董昌逐杭州刺史路審中。
四年正月，婺州將王鎭執其刺史黃碣，叛附于董昌。
二月，鎭伏誅。浦陽將蔣瓌陷婺州。舒州賊吳迥逐其刺史高澞。
三月甲子，劍南東川節度副大使楊師立反，西川節度使陳敬瑄爲西川、東川、山南西道都指揮招討使。前杭州刺史路審中陷鄂州。
五月辛酉，朱全忠及黃巢戰，敗之。辛未，河東節度使李克用及巢戰于宛句，敗之。癸酉，高仁厚爲劍南東川節度使以討楊師立。壬午，福建團練副使陳巖逐其觀察使鄭鎰，自稱觀察使。

六月乙卯，赦劍南三川。瘞京畿骸骨。

七月辛酉，楊師立伏誅。壬午，黃巢伏誅。

九月，山南西道節度使鹿晏弘反。

十月，蕭遘爲司空。

十一月，鹿晏弘陷許州，殺節度使周岌，自稱留後。

十二月甲午，荆南行軍司馬張瓌逐其節度使陳儒，自稱留後。盜殺義昌軍節度使王鐸。

是歲，關中大饑。濮州刺史朱宣逐天平軍節度使曹存實，自稱留後。武昌軍將杜洪陷岳州。

光啓元年正月庚辰，荆南軍將成汭陷歸州。是月，王緒陷汀、漳二州。南康賊盧光稠陷虔州。

三月丁卯，至自成都。己巳，大赦，改元。時溥爲蔡州四面行營兵馬都統。蕭遘爲司徒，韋昭度爲司空。

四月，吳迥伏誅。秦宗權陷襄州，山南東道節度使劉巨容奔于成都。武當賊馮行襲陷均州，逐其刺史呂燁。

五月，羣臣上尊號曰至德光烈皇帝。

六月，幽州盧龍軍亂，殺其節度使李可舉，其將李全忠自稱留後。壬戌，秦宗權陷東都。

七月，義昌軍亂，逐其節度使楊全玫，衙將盧彥威自稱留後。

八月，光州賊王潮執王緒。甲寅，殺右補闕常濬。樂彥禎殺洺州刺史馬爽。

九月，河中節度使王重榮反，邠寧節度使朱玫討之。

十月癸丑，朱全忠及秦宗權戰于雙丘，敗績。

十一月，河東節度使李克用叛附于王重榮，重榮及克用寇同州，刺史郭璋死之。

十二月癸酉，朱玫及王重榮、李克用戰于沙苑，敗績。乙亥，克用犯京師。丙子，如鳳翔。

二年正月辛巳，鎮海軍將張郁陷常州。戊子，如興元。癸巳，朱玫叛，寇鳳翔。

二月，鄭從讜爲太傅。

三月壬午，山南西道節度使石君涉奔于鳳翔。遂州刺史鄭君雄陷漢州。丙申，次興元。戊戌，御史大夫孔緯、翰林學士承旨、兵部尙書杜讓能爲兵部侍郎、同中書門下平章事。

是春，成都地震，鳳翔女子化爲丈夫。

四月乙卯，朱玫以嗣襄王煴入于京師。

五月丙戌，有星孛于箕、尾。武寧軍將丁從實陷常州，逐其刺史張郁。

六月，淮西將黃皓殺欽化軍節度使閔頊。衡州刺史周岳陷潭州，自稱節度使。

七月，秦宗權陷許州，忠武軍節度使鹿晏弘死之。

八月，王潮陷泉州，刺史廖彥若死之。幽州盧龍軍節度使李全忠卒，其子匡威自稱留後。

九月，有星隕于揚州。戊寅，靜難軍將王行瑜陷興、鳳二州。

十月丙午，嗣襄王煴自立爲皇帝，尊皇帝爲太上元皇聖帝。朱全忠陷滑州，執義成軍節度使安師儒。丙辰，杭州刺史董昌攻越州，浙東觀察使劉漢宏奔于台州。是月，河陽節度使諸葛爽卒，其子仲方自稱留後。神策行營先鋒使滿存克興、鳳二州。感義軍節度使楊晟陷文州。武寧軍將張雄陷蘇州。

十一月庚子，秦宗權陷鄭州。

十二月，魏州地震。丙午，台州刺史杜雄執劉漢宏，降于董昌。昌自稱浙東觀察使。丙辰，朱玫伏誅。丁巳，煴伏誅。秦宗權陷孟州，諸葛仲方奔于汴州。是歲，天平軍將朱瑾逐泰寧軍節度使齊克讓，自稱留後。湘陰賊鄧進思陷岳州。杜洪陷鄂州，自稱武昌軍節度留後。

三年三月癸未，蕭遘、裴澈、兵部侍郎鄭昌圖有罪伏誅。壬辰，如鳳翔。鄭從讜罷。韋昭度爲司徒。癸巳，鎭海軍將劉浩逐其節度使周寶，度支催勘使薛朗自稱知府事。

四月甲辰，六合鎭遏使徐約陷蘇州，逐其刺史張雄。甲子，淮南兵馬使畢師鐸陷揚州，執其節度使高駢。是月，維州山崩。

五月甲戌，宣歙觀察使秦彥入于揚州。癸未，秦宗權陷鄭州。

六月，陷孟州，河陽將李罕之入于孟州，張全義入于東都。己酉，鳳翔節度使李昌符反。庚戌，犯大安門，不克，奔于隴州。壬子，武定軍節度使李茂貞爲隴州招討使。丁巳，護國軍將常行儒殺其節度使王重榮，其兄重盈自稱留後。壬戌，亳州將謝殷逐其刺史宋衮。

七月丁亥，降死罪以下，貞觀、開元、建中、興元功臣後予一子九品正員官，減常膳三之一，賜民九十以上粟帛。七月，李昌符伏誅。

八月，韋昭度爲太保。壬寅，謝殷伏誅。朱全忠陷亳州。壬子，陷曹州，刺史丘弘禮死之。

九月，戶部侍郎、判度支張濬爲兵部侍郎、同中書門下平章事。秦彥殺高駢。

十月丁未，朱全忠陷濮州。甲寅，封子陞爲益王。杭州刺史錢鏐陷常州。丁卯，鏐殺周寶。是月，秦宗權將孫儒寇揚州。

十一月壬申，廬州刺史楊行密陷揚州，秦彥、畢師鐸奔于孫儒。

十二月癸巳，淮西將趙德諲陷江陵，荆南節度使張瓌死之。朱全忠爲東南面招討使。饒州刺史陳儒陷衢州。上蔡賊馮敬章陷蘄州。

文德元年正月甲寅，孫儒殺秦彥、畢師鐸。癸亥，朱全忠爲蔡州四面行營都統。丙寅，薛朗伏誅。錢鏐陷潤州。

二月乙亥，不豫。己丑，至自鳳翔。庚寅，謁于太廟，大赦，改元。是月，魏博軍亂，殺其節度使樂彥禎，其將羅弘信自稱權知留後。

三月戊戌朔，日有食之，旣。壬寅，疾大漸，立壽王傑爲皇太弟，知軍國事。癸卯，皇帝崩于武德殿，年二十七。

贊曰：唐自穆宗以來八世，而爲宦官所立者七君。然則唐之衰亡，豈止方鎮之患？蓋朝廷天下之本也，人君者朝廷之本也，始卽位者人君之本也。其本始不正，欲以正天下，其可得乎？懿、僖當唐政之始衰，而以昏庸相繼；乾符之際，歲大旱蝗，民愁盜起，其亂遂不可復支，蓋亦天人之會歟！

校勘記

〔一〕浙東人仇甫反　「仇甫」，本書卷五八藝文志及通鑑卷二四九均作「裘甫」。

唐書卷十

本紀第十

昭宗　哀帝

昭宗聖穆景文孝皇帝諱曄，懿宗第七子也。母曰恭憲皇太后王氏。始封壽王。乾符三年，領幽州盧龍軍節度使。僖宗遇亂再出奔，壽王握兵侍左右，尤見倚信。文德元年三月，僖宗疾大漸，羣臣以吉王長，且欲立之。觀軍容使楊復恭率兵迎壽王，立爲皇太弟，改名敏。乙巳，卽皇帝位于柩前。

四月戊辰，孫儒陷揚州，自稱淮南節度使，楊行密奔于廬州。庚午，追尊母爲皇太后。韋昭度爲中書令，孔緯爲司空。乙亥，張全義陷孟州，李罕之奔于河東。成汭陷江陵，自稱留後。辛卯，朱全忠及秦宗權戰于蔡州，敗之。

五月壬寅，趙德諲以襄州降，以德諲爲忠義軍節度使、蔡州四面行營副都統。

六月，閬州防禦使王建陷漢州，執刺史張頊，遂寇成都。韋昭度罷爲劍南西川節度副大使，兼兩川招撫制置使。

十月，陳敬瑄反。辛卯，葬惠聖恭定孝皇帝于靖陵。

十一月丙申，秦宗權陷許州，執忠武軍節度使王緼。辛酉，奉國軍將申叢執秦宗權。

十二月丁亥，韋昭度爲行營招討使，及永平軍節度使王建討陳敬瑄。山南西道節度使楊守厚陷夔州。

龍紀元年正月癸巳，大赦，改元。翰林學士承旨、兵部侍郎劉崇望同中書門下平章事。壬子，宣武軍將郭璠殺奉國軍留後申叢，自稱留後。

二月戊辰，朱全忠俘秦宗權以獻。己丑，宗權伏誅。

三月，孔緯爲司徒，杜讓能爲司空。丙申，錢鏐陷蘇州，逐刺史徐約。

六月，李克用寇邢州。昭義軍節度使孟方立卒，其弟遷自稱留後。楊行密陷宣州，宣歙觀察使趙鍠死之。廬州刺史蔡儔叛附于孫儒。

八月甲戌，孟遷叛附于李克用。

十月，平盧軍節度使王敬武卒，其子師範自稱留後，陷棣州，刺史張蟾死之。宣歙觀察使楊行密陷常州，刺史杜陵死之。錢鏐陷潤州。

十一月丁未，朝獻于太淸宮。戊申，朝享于太廟。己酉，有事于南郊，大赦。

十二月，孫儒陷常、潤二州。戊午，孔緯爲太保，杜讓能爲司徒。壬申，眉州刺史山行章叛附于王建。

大順元年正月戊子，羣臣上尊號曰聖文睿德光武弘孝皇帝，大赦，改元。壬寅，簡州將杜有遷執其刺史員虔嵩，叛附于王建。

二月己未，資州將侯元綽執其刺史楊戡，叛附于建。

三月戊申，昭義軍節度使李克脩卒，其弟克恭自稱留後。

四月丙辰，宿州將張筠逐其刺史張紹光。丙寅，嘉州刺史朱實叛附于王建。丙子，戎州將文武堅執其刺史謝承恩，叛附于建。

五月，張濬爲河東行營都招討宣慰使，京兆尹孫揆副之；幽州盧龍軍節度使李匡威爲北面招討使，雲州防禦使赫連鐸副之；朱全忠爲南面招討使，王鎔爲東面招討使，以討李克用。壬寅，昭義軍將安居受殺其節度使李克恭，叛附于朱全忠。癸丑，劍南東川節度使顧彥朗卒，其弟彥暉自稱留後。

六月辛酉，雅州將謝從本殺其刺史張承簡，叛附于王建。辛未，朱全忠爲河東東面行營招討使。是月，河東將安知建以邢、洺、磁三州叛附于全忠。

七月，楊行密陷潤州。戊申，李克用執昭義軍節度使孫揆。

八月，錢鏐殺蘇州刺史杜孺休。楊行密陷蘇州。淮南節度使孫儒陷潤州。庚午，朱全忠爲中書令。

九月，李克用陷潞州。楊行密陷潤、常二州。

閏月，孫儒陷常州。壬戌，邛州將任可知殺其刺史毛湘。

十月癸未，蜀州刺史李行周叛附于王建。李克用陷邢、洺、磁三州。

十一月丁卯，李匡威陷蔚州。是月，張濬及李克用戰于陰地，敗績。孫儒陷蘇州。

十二月，李克用陷晉州。

二年正月庚申，孔緯、張濬罷。翰林學士承旨、兵部侍郎崔昭緯，御史中丞徐彥若爲戶部侍郎：同中書門下平章事。甘露鎭使陳可言陷常州。錢鏐陷蘇州。

二月乙巳，赦陳敬瑄。丁未，詔王建罷兵，不受命。

是春，淮南大饑。

四月庚辰，有彗星入于太微。甲申，大赦，避正殿，減膳，徹樂。賜兩軍金帛，贖所略男女還其家。民年八十以上及疾不能自存者，長吏存卹。訪武德功臣子孫。癸卯，王建寇成都。

五月，孫儒陷和、滁二州。

六月，楊行密陷和、滁二州。丙午，封子祐爲德王。

七月，李克用陷雲州，防禦使赫連鐸奔于退渾。孫儒焚揚州以逃。

八月庚子，王建陷成都，執劍南西川節度使陳敬瑄，自稱留後。

十月壬午，朱全忠陷宿州。

十一月己未，曹州將郭銖殺其刺史郭詞，叛附于全忠。辛未，全忠陷壽州。

景福元年正月己未，朱全忠陷孟州，逐河陽節度使趙克裕。丙寅，大赦，改元。

二月，劉崇望罷。錢鏐陷蘇州。甲申，朱全忠寇鄆州，天平軍節度使朱宣敗之。

三月，戶部尚書鄭延昌爲中書侍郎、同中書門下平章事。乙巳，楊行密陷楚州，執刺史劉瓚；又陷常州，刺史陳可言死之。丙辰，武定軍節度使楊守忠、龍劍節度使楊守貞會楊守厚兵寇梓州。丙寅，福建觀察使陳巖卒，護閩都將范暉自稱留後。庚午，泉州刺史王潮寇福州。

四月辛巳，杜讓能爲太尉。

六月戊寅，楊行密陷揚州。己巳，鳳翔隴右節度使李茂貞陷鳳州，感義軍節度使滿存奔于興元，遂陷興、洋二州。

八月壬申，寇興元，楊守亮、滿存奔于閬州。丙戌，降京畿、關輔囚罪，免淮南、浙西、宣州逋負。

十月，蔡儔以廬州叛附于朱全忠，河東將李存孝以邢州叛附于全忠。

十一月，有星孛于斗、牛。辛丑，武寧軍將張璲、張諫以濠、泗二州叛附于朱全忠。乙巳，朱友裕陷濮州，執刺史邵儒。孫儒將王壇陷婺州，刺史蔣瓌奔于越州。

是歲，明州刺史鍾文季卒，其將黃晟自稱刺史。

二年正月，徐彥若罷爲鳳翔隴右節度使，李茂貞爲山南西道節度使。茂貞不受命。

二月，楊行密陷常州。

三月辛酉，幽州盧龍軍兵馬留後李匡籌逐其兄匡威，自稱節度留後。

四月乙亥，王建殺陳敬瑄及劍南西川監軍田令孜。乙酉，有彗星入于太微。丁亥，王鎔殺李匡威。戊子，朱全忠陷徐州，武寧軍節度使時溥死之。

五月庚子，王潮陷福州，范暉死之，潮自稱留後。

七月，楊行密陷廬州，蔡儔死之。

八月丙申，嗣覃王嗣周爲京西面招討使〔一〕，神策大將軍李鐬副之，以討李茂貞。庚子，昇州刺史張雄卒，其將馮弘鐸自稱刺史。是月，楊行密陷歙州。

九月壬午，嗣覃王嗣周及李茂貞戰于興平，敗績。甲申，茂貞犯京師。乙酉，茂貞殺觀軍容使西門重遂、內樞密使李周譚、段詡。貶杜讓能爲梧州刺史。壬辰，東都留守、檢校司徒韋昭度爲司徒，御史中丞崔胤爲戶部侍郎：同中書門下平章事。是月，昇州刺史馮弘鐸叛附于楊行密。

十月乙未，殺杜讓能及戶部侍郎杜弘徽。楊行密陷舒州。

十二月，韋昭度爲太傅。邵州刺史鄧處訥陷潭州，欽化軍節度使周岳死之，處訥自稱留後。

是歲，建州刺史徐歸範、汀州刺史鍾全慕叛附于王潮。

乾寧元年正月，有星孛于鶉首。乙丑，大赦，改元。李茂貞以兵來朝。

二月，右散騎常侍鄭綮爲禮部侍郎、同中書門下平章事。彰義軍節度使張鈞卒，其兄鐇自稱留後。

三月甲申，李克用寇邢州，執李存孝殺之。

五月丙子，王建陷彭州，威戎軍節度使楊晟死之。是月，鄭延昌罷。孫儒將劉建鋒、馬殷陷潭州，武安軍節度使鄧處訥死之，建鋒自稱留後。武岡指揮使蔣勛陷邵州。

六月，大同軍防禦使赫連鐸及李克用戰于雲州，死之。戊午，翰林學士承旨、禮部尙書李磎同中書門下平章事。庚申，磎罷。御史大夫徐彥若爲中書侍郎、同中書門下平章事。

七月，以雨霖避正殿，減膳。鄭綮罷。李茂貞陷閬州。

八月，楊守亮伏誅。癸巳，減京畿、興元、洋金商州賦役。

九月庚申，李克用陷潞州，昭義軍節度使康君立死之。

十月丁酉，封子祤爲棣王，禊虔王，禋沂王，禕遂王。

十一月，李克用陷武州。

十二月，陷新州。甲寅，幽州盧龍軍節度使李匡籌奔于滄州，義昌軍節度使盧彥威殺之。丙辰，李克用陷幽州。

是冬，楊行密陷黃州，執刺史吳討。

二年正月己巳，給事中陸希聲爲戶部侍郎、同中書門下平章事。壬申，護國軍節度使王重盈卒，其子珂自稱留後。

二月乙未，太子太傅李磎爲戶部侍郎、同中書門下平章事。

三月，崔胤、李磎罷。戶部侍郎、判戶部王摶爲中書侍郎、同中書門下平章事。楊行密陷濠州，執刺史張璲。庚午，河東地震。

四月，蘇州大雨雪。陸希聲、韋昭度罷。泰寧軍節度使朱瑾及朱全忠戰于高梧，敗績，其將安福慶死之。楊行密陷壽州，執刺史江從勗。

五月甲子，靜難軍節度使王行瑜、鎮國軍節度使韓建及李茂貞犯京師，殺太保致仕韋昭度、太子少師李磎。是月，李克用陷絳州，刺史王瑤死之。

六月庚寅，鎮海軍節度使錢鏐爲浙江東道招討使。癸巳，吏部尙書孔緯爲司空，兼門下侍郎、同中書門下平章事。

七月丙辰，李克用以兵屯于河中。戊午，匡國軍節度使王行約奔于京師。庚申，左右神策軍護軍中尉駱全瓘劉景宣、指揮使王行實李繼鵬反。行在莎城。嗣薛王知柔權知中書事。壬戌，李克用陷同州。甲子，次石門。前護國軍節度使崔胤爲中書侍郎、同中書門下平章事。

八月戊戌，李克用爲邠寧四面行營招討使，保大軍節度使李思孝爲北面招討使，定難軍節度使李思諫爲東北面招討使，彰義軍節度使張鐇爲西面招討使。辛丑，李克用爲邠寧四面行營都統。李繼鵬伏誅。赦李茂貞。辛亥，至自石門。壬子，崔昭緯罷。

九月丙辰，徐彥若爲司空。癸亥，孔緯薨。前昭義軍節度使李罕之爲邠寧四面行營副都統。

十月，京兆尹孫偓爲戶部侍郎、同中書門下平章事。丙戌，李克用及王行瑜戰于梨園，敗之。庚寅，王行約焚寧州以逃。義武軍節度使王處存卒，其子郜自稱留後。

十一月丁巳，李克用及王行瑜戰于龍泉，敗之。辛酉，衢州刺史陳儒卒，其弟岌自稱刺史。丁卯，王行瑜伏誅。壬申，齊州刺史朱瓊叛附于朱全忠。丁丑，王建陷利州，刺史李繼顒死之。

十二月癸未，赦京師，復大順以來削奪官爵非其罪者。甲申，閬州防禦使李繼雍、蓬州刺史費存、渠州刺史陳璠叛附于王建。丙申，建寇梓州。戊戌，通州刺史李彥昭叛附于建。

是歲，安州防禦使宣晟陷桂州，靜江軍節度使周元靜部將劉士政死之，晟自稱知軍府事。

三年正月癸丑，王建陷龍州，刺史田昉死之。

閏月丁亥，果州刺史周雄叛附于建。

四月壬子，武安軍亂，殺其節度使劉建鋒，其將馬殷自稱留後。

五月癸未，楊行密陷蘇州，執刺史成及；陷光州，刺史劉存死之。庚寅，成汭陷黔州，武泰軍節度使王建肇奔于成都。乙未，董昌伏誅。是月，蘄州刺史馮行章叛附于楊行密。

六月庚戌，李茂貞犯京師，嗣延王戒丕禦之。丙寅，及茂貞戰于婁館，敗績。

七月癸巳，行在渭北。甲午，韓建來朝，次華州。乙巳，崔胤罷。丙午，翰林學士承旨、尚書左丞陸扆爲戶部侍郎、同中書門下平章事。

八月甲寅，王摶罷。乙丑，國子毛詩博士朱朴爲左諫議大夫、同中書門下平章事。

九月乙未，武安軍節度使崔胤爲中書侍郎，翰林學士承旨、兵部侍郎崔遠：同中書門下平章事。丁酉，貶陸扆爲峽州刺史。

十月，李克用及羅弘信戰于白龍潭，敗之。壬子，孫偓持節鳳翔四面行營節度、諸軍都統、招討、處置使。戊午，威勝軍節度使王摶爲吏部尚書、同中書門下平章事。

十一月戊子，忠國軍節度使李師悅卒，其子繼徽自稱留後。

四年正月乙酉，韓建以兵圍行宮，殺扈蹕都將李筠。丙申，朱全忠陷鄆州，天平軍節度使朱宣死之。己亥，孫偓罷都統。

二月，朱全忠寇兗州，泰寧軍節度使朱瑾奔于淮南，其子用貞以兗州叛附于全忠。全忠陷沂、海、密三州。保義軍節度使王珙寇河中。韓建殺太子詹事馬道殷、將作監許巖士。楊行密爲江南諸道行營都統。癸丑，王建陷瀘州，刺史馬敬儒死之。己未，立德王裕爲皇太子，大赦，饗于行廟。辛未，王建陷渝州。乙亥，孫偓、朱朴罷。

五月壬午，朱全忠陷黃州，刺史瞿璋死之。

六月，貶王建爲南州刺史。以李茂貞爲劍南西川節度使，嗣覃王嗣周爲鳳翔隴右節度使，茂貞不受命，嗣周及茂貞戰于奉天，敗績。

八月，韓建殺通王滋、沂王禋、韶王、彭王、嗣韓王、嗣陳王、嗣覃王嗣周、嗣延王戒丕、嗣丹王允。

九月，錢鏐陷湖州，忠國軍節度使李繼徽奔于淮南。彰義軍節度使張璉爲鳳翔西北行營招討使，靜難軍節度使李思諫爲鳳翔四面行營副都統，以討李茂貞。

十月壬子，遂州刺史侯紹叛附于王建。乙卯，合州刺史王仁威叛附于建。庚申，建陷梓州，劍南東川節度使顧彥暉死之。甲子，封子祕爲景王，祚煇王，祺祁王。

十一月癸酉，楊行密及朱全忠戰于淸口，敗之。丙子，錢鏐陷台州。

十二月丁未，威武軍節度使王潮卒，其弟審知自稱留後。

光化元年正月，徐彥若爲司徒。

二月，赦李茂貞。

三月，幽州盧龍軍節度使劉仁恭之子守文陷滄州，義昌軍節度使盧彥威奔于汴州。

四月丙寅，立淑妃何氏爲皇后。

五月己巳，大赦。辛未，朱全忠陷洺州，刺史邢善益死之；又陷邢州。壬午，陷磁州，刺史袁奉韜死之。是月，馬殷陷邵、衡、永三州，刺史蔣勛、楊師遠、唐昱死之。

七月丙申，朱全忠陷唐州，又陷隋州，執刺史趙匡璘。

八月戊午，陷鄧州，執刺史國湘。壬戌，至自華州。甲子，大赦，改元。

九月丙子，有星隕于北方。甲申，錢鏐陷蘇州。

十月，魏博節度使羅弘信卒，其子紹威自稱留後。己亥，朱全忠陷安州，刺史武瑜死之。

十一月，衢州刺史陳岌叛附于楊行密。甲寅，封子禛爲雅王，祥瓊王。

十二月癸未，李罕之陷潞州，自稱節度留後。李克用陷澤州。

二年正月乙未，給復綿、劍二州二年。丁未，崔胤罷。兵部尚書陸扆同中書門下平章事。

是月，李罕之陷沁州。劉仁恭陷貝州。

二月甲子，朱全忠陷蔡州，奉國軍節度使崔洪奔于淮南。

三月丁巳，全忠陷澤州。

六月丁丑，保義軍亂，殺其節度使王珙，其將李璠叛附于全忠。

七月壬辰，海州戍將陳漢賓以其州叛附于楊行密。馬殷陷道州，刺史蔡結死之。

八月，李克用陷澤、潞、懷三州。

十一月，徐彥若爲太保，王摶爲司空。馬殷陷郴、連二州，刺史陳彥謙、魯景仁死之。辛丑，保義軍將朱簡殺其節度使李璠，叛附于朱全忠。

三年四月辛未，皇后及皇太子享于太廟。

六月丁卯，清海軍節度使崔胤爲尚書左僕射，兼門下侍郎、同中書門下平章事。王摶罷。

己巳，殺之。

七月，浙江溢。

八月庚辰，李克用陷洺州，執刺史朱紹宗。

九月，朱全忠陷洺州。錢鏐陷婺州，刺史王壇奔于宣州。衢州刺史陳岌叛附于錢鏐。乙巳，徐彥若罷。丙午，崔遠罷。戊申，刑部尚書裴贄爲中書侍郎、同中書門下平章事。甲寅，朱全忠陷瀛州。

十月丙辰，陷景州，執刺史劉仁霸。辛酉，陷莫州。辛巳，陷祁州，刺史楊約死之。甲申，陷定州，義武軍節度使王郜奔于太原。

十一月己丑，左右神策軍中尉劉季述王仲先、內樞密使王彥範薛齊偓作亂，皇帝居于少陽院。辛卯，季述以皇太子裕爲皇帝。丁未，太白晝見。

十二月，劉季述殺睦王倚。

是歲，馬殷陷桂、宜、巖、柳、象五州。睦州刺史陳晟卒，其弟詢自稱刺史。

天復元年正月乙酉，左神策軍將孫德昭、董彥弼、周承誨以兵討亂，皇帝復于位。劉季述、薛齊偓伏誅，降封皇太子裕爲德王。戊申，朱全忠陷絳州。壬子，崔胤爲司空。朱全忠陷晉州。

二月甲寅，以旱避正殿，減膳。戊辰，朱全忠陷河中，執護國軍節度使王珂。辛未，封全忠爲梁王。是月，翰林學士、戶部侍郎王溥爲中書侍郎，吏部侍郎裴樞爲戶部侍郎：同中書門下平章事。

三月辛亥，昭義軍節度使孟遷叛附于朱全忠。

四月壬子，全忠陷沁、澤二州。丁巳，儀州刺史張鄂叛附于全忠。甲戌，享于太廟。丙子，大赦，改元。武德、貞觀配饗功臣主祭子孫敍進之，介公、酅公後予一子九品正員官。免光化以來畿內逋負。

五月，李茂貞來朝。

六月，李克用陷隰、慈二州。

十月戊戌，朱全忠犯京師。

十一月己酉，陷同州。壬子，如鳳翔。丁巳，朱全忠陷華州，鎭國軍節度使韓建叛附于全忠。辛酉，兵部侍郎盧光啓權勾當中書事。癸亥，李茂貞及朱全忠戰于武功，敗績。丁卯，盧光啓爲右諫議大夫，參知機務。戊辰，朱全忠犯鳳翔。辛未，陷邠州，靜難軍節度使李繼徽叛附于全忠。甲戌，崔胤、裴樞罷。

十二月，鍾傳陷吉州。

是歲，清海軍節度使徐彥若卒，行軍司馬劉隱自稱留後。武貞軍節度使雷滿卒，其子彥威自稱留後。

二年正月丁卯，給事中韋貽範爲工部侍郎、同中書門下平章事。丙子，給事中嚴龜爲汴、岐和協使。

二月己亥，盜發簡陵。王建陷利州，昭武軍節度使李繼忠奔于鳳翔。

三月庚戌，晝晦。癸丑，朱全忠陷汾州。乙卯，浙西大雨雪。戊午，朱全忠陷慈、隰二州。

丁卯，李克用陷汾、慈、隰三州。

四月，盧光啓罷。丙申，温州刺史朱褒卒，其兄敖自稱刺史。楊行密陷昇州。

五月丙午，李茂貞及朱全忠戰于武功，敗績。庚午，韋貽範罷。

六月丙子，中書舍人蘇檢爲工部侍郎、同中書門下平章事。丙戌，朱全忠陷鳳州。

七月甲辰，陷成州。乙巳，陷隴州。

八月己亥，韋貽範起復。辛丑，王建陷興元，山南西道節度使王萬弘叛附于建。

九月戊申，李茂貞及朱全忠戰于槐林，敗績。武定軍節度使拓拔思恭叛附于王建〔三〕。

十月癸酉，楊行密爲東面諸道行營都統，及湖南節度使馬殷討朱全忠。王建陷興州。

十一月癸卯，保大軍節度使李茂勳以兵援鳳翔。丙辰，韋貽範薨。

十二月癸巳，温州將丁章逐其刺史朱敖。己亥，朱全忠陷鄜州，保大軍節度使李茂勳叛附于全忠。

是歲，盧光稠陷韶州。岳州刺史鄧進思卒，其弟進忠自稱刺史。

三年正月丙午，平盧軍節度使王師範取兗州。戊申，殺左右神策軍護軍中尉韓全誨、張彥弘、內樞密使袁易簡、周敬容。辛亥，翰林學士姚洎爲汴、岐和協使。壬子，工部尚書崔胤爲司空，兼門下侍郎、同中書門下平章事。甲子，幸朱全忠軍。己巳，至自鳳翔，哭于太廟，大赦。庚午，崔胤及朱全忠殺中官七百餘人。辛未，胤判六軍十二衞事。丁章伏誅。

二月，雨土。甲戌，貶陸扆爲沂王傅，分司東都。丙子，王溥罷。朱全忠殺蘇檢、吏部侍郎盧光啓。戊寅，降京畿、河中鳳翔興德府、同邠鄜三州死罪以下。己卯，輝王祚爲諸道兵馬都元帥；庚辰，朱全忠爲太尉、中書令，副之。崔胤爲司徒。乙未，淸海軍節度使裴樞爲門下侍郎、同中書門下平章事。

三月，朱全忠陷青州。楊行密陷密州，刺史劉康乂死之。

四月己卯，朱全忠判元帥府事。

五月壬子，荆南節度使成汭及楊行密戰于君山，死之。武貞軍節度使雷彥威之弟彥恭陷江陵。

六月乙亥，朱全忠陷登州。

九月，楊行密殺奉國軍節度使朱延壽。辛亥，朱全忠陷棣州，刺史邵播死之；陷密州。戊午，平盧軍節度使王師範叛附于全忠。

十月，忠義軍將趙匡明陷江陵，自稱留後。王建陷忠、萬、施三州。甲戌，陷夔州。丁丑，平盧軍將劉鄩以兗州叛附于朱全忠。

十二月，裴贄罷。楊行密陷宣州，寧國軍節度使田頵死之。辛巳，禮部尚書獨孤損爲兵部侍郎、同中書門下平章事。丙申，朱全忠殺尚書左僕射致仕張濬。

天祐元年正月乙巳，崔胤罷。裴樞判左三軍事，獨孤損判右三軍事。兵部尚書崔遠爲中書侍郎，翰林學士、右拾遺柳璨爲右諫議大夫：同中書門下平章事。己酉，朱全忠殺太子少傅崔胤及京兆尹鄭元規、威遠軍使陳班。戊午，全忠遷唐都于洛陽。

二月丙寅，日中見北斗。戊寅，次陝州。朱全忠來朝。甲申，封子禎爲端王，祁豐王，福和王，禧登王，祜嘉王。

三月丁未，朱全忠兼判左右神策及六軍諸衞事。

閏四月壬寅，次穀水。朱全忠來朝。甲辰，至自西都。享于太廟。大風，雨土。乙巳，大赦，改元。

六月，靜難軍節度使楊崇本會李克用、王建兵以討朱全忠。

七月乙丑，全忠以兵屯于河中。

八月壬寅，全忠以左右龍武統軍朱友恭、氏叔琮、樞密使蔣玄暉兵犯宮門；是夕，皇帝崩，年三十八。明年，起居郎蘇楷請更謚「恭靈莊閔」，廟號襄宗。至後唐同光初，復故號謚云。

昭宣光烈孝皇帝諱柷，昭宗第九子也。母曰皇太后何氏。始封輝王。朱全忠已弑昭宗，矯詔立爲皇太子，監軍國事。

天祐元年八月丙午，卽皇帝位于柩前。衢州刺史陳璋、睦州刺史陳詢叛附于楊行密。

九月庚午，尊皇后爲皇太后。

十月辛卯朔，日有食之。癸巳，朱全忠來朝。甲午，全忠殺朱友恭、氏叔琮。

十一月，全忠陷光州。

是歲，虔州刺史盧光稠卒，衙將李圖自稱知州事。

二年正月，盧約陷温州。楊行密殺平盧軍節度使安仁義。丁丑，盜焚乾陵下宮。

二月，楊行密陷鄂州，武昌軍節度使杜洪死之。戊戌，朱全忠殺德王裕及棣王祤、虔王禊、遂王禕、景王祕、祁王祺、瓊王祥。己酉，葬聖穆景文孝皇帝于和陵。

三月甲子，裴樞罷。戊寅，獨孤損罷。禮部侍郎張文蔚同中書門下平章事。甲申，崔遠罷。吏部侍郎楊涉同中書門下平章事。

四月乙未，以旱避正殿，減膳。庚子，有彗星出于西北；甲辰，出于北河。辛亥，降京畿死罪以下，給復山陵役者一年。

五月，王建陷金州，戎昭軍節度使馮行襲奔于均州。

六月，行襲克金州。楊行密陷婺州，執刺史沈夏。戊子，朱全忠殺裴樞及靜海軍節度使獨孤損、左僕射崔遠、吏部尚書陸扆、工部尚書王溥、司空致仕裴贄、檢校司空兼太子太保致仕趙崇、兵部侍郎王贊。

七月，卜郊。岳州刺史鄧進忠叛附于馬殷。

九月甲子，朱全忠陷襄州，忠義軍節度使趙匡凝奔于淮南。丙寅，封弟禔爲潁王，祐蔡王。朱全忠陷江陵，留後趙匡明奔于成都。乙酉，改卜郊。

十月丙戌，朱全忠爲諸道兵馬元帥。

十一月庚午，三卜郊。庚辰，淮南節度使楊行密卒，以其子渥爲淮南節度副大使、東面諸道行營都統。辛巳，朱全忠爲相國，總百揆，封魏王。

十二月乙未，全忠爲天下兵馬元帥，殺蔣玄暉及豐德庫使應頊、尙食使朱建武。癸卯，柳璨爲司空。戊申，朱全忠弒皇太后。辛亥，罷郊。癸丑，貶柳璨爲登州刺史。甲寅，殺璨及太常卿張廷範。

三年正月壬戌，淮南將王茂章以宣、歙二州叛附于錢鏐。

二月，楊渥陷岳州。癸巳，王建陷歸州。

四月癸未朔，日有食之。鎭南軍節度使鍾傳卒，其子匡時自稱留後。

六月，錢鏐陷衢、睦二州，刺史陳璋、陳詢奔于淮南。

七月，楊渥陷饒州。

八月癸未，朱全忠陷相州。

九月，楊渥陷洪州，執鍾匡時。乙亥，匡國軍節度使劉知俊陷坊州，執刺史劉彥暉。

十月辛巳，楊崇本會鳳翔、涇原、鄜延、秦隴兵以討朱全忠，戰于美原，敗績。

十一月，忠國軍節度使高彥卒，其子澧自稱留後。

閏十二月戊辰，李克用陷潞州，昭義軍節度使丁會叛附于克用。乙亥，震電，雨雪。

四年三月，劉守光囚其父仁恭，自稱幽州盧龍軍節度使。

四月戊午，錢鏐陷温州。甲子，皇帝遜于位，徙于曹州，號濟陰王。梁開平二年二月遇弑，年十七，謚曰哀帝。後唐明宗追謚昭宣光烈孝皇帝，陵曰温陵。

贊曰：自古亡國，未必皆愚庸暴虐之君也。其禍亂之來有漸積，及其大勢已去，適丁斯時，故雖有智勇，有不能爲者矣，可謂眞不幸也，昭宗是已。昭宗爲人明雋，初亦有志於興復，而外患已成，內無賢佐，頗亦慨然思得非常之材，而用匪其人，徒以益亂。自唐之亡也，其遺毒餘酷，更五代五十餘年，至於天下分裂，大壞極亂而後止。跡其禍亂，其漸積豈一朝一夕哉！

校勘記

〔一〕嗣覃王嗣周爲京西面招討使　「嗣覃王嗣周」，通鑑卷二五九同；本書卷五〇兵志作「嗣覃王允」，卷二〇八劉季述傳作「嗣覃王戒丕」。二十二史考異（下簡稱考異）卷四五云：「嗣覃王之名，三處互異。今考本紀，乾寧四年八月，韓建殺嗣覃王嗣周、嗣延王戒丕、嗣丹王允；而十一宗諸子及沙陀傳俱有嗣延王戒丕、嗣丹王允之文。則嗣覃王之名，當從本紀。」

〔二〕拓拔思恭　新五代史卷六三前蜀世家作「拓拔思敬」，通鑑卷二六三作「李思敬」。按本書卷二二一上党項傳，拓拔思恭賜姓李，思敬爲其弟。宋人常諱「敬」爲「恭」，此處思恭或即思敬諱改，適與兄名混。